VICTOR NADAL

PROMENADES

A

L'EXPOSITION

ET AILLEURS

LYON

IMPRIMERIE ADMINISTRATIVE DE Ve CHANOINE

PLACE DE LA CHARITÉ, 10

1872

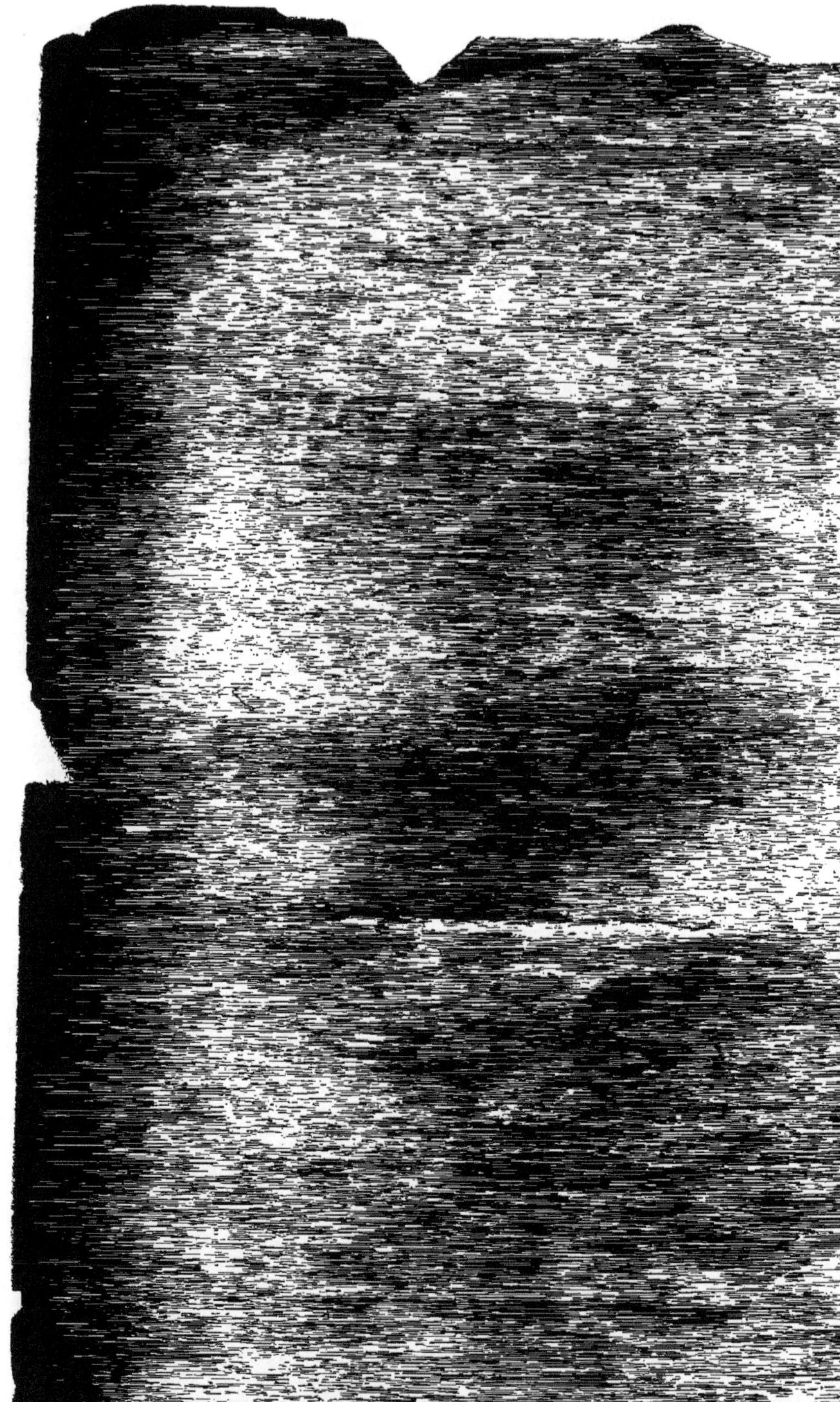

PROMENADES

À

L'EXPOSITION

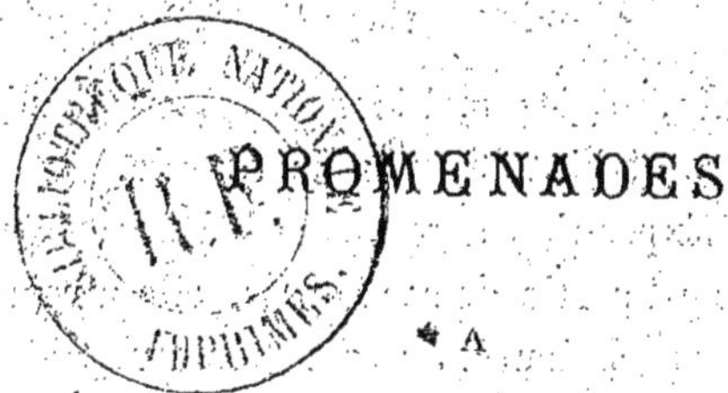

Il n'y a pas bien longtemps, la plupart des Lyonnais n'avaient pas assez de dédains pour une œuvre qui s'est vengée depuis de toutes les railleries et de toutes les attaques dont elle a été l'objet. L'Exposition universelle de Lyon a connu tous les déboires : c'est parce que je sais l'énergie déployée par ses administrateurs que je les salue tout d'abord. Il serait injuste de ne pas rendre hommage à ceux qui, le lendemain de l'invasion, ont su donner à nos vainqueurs d'un jour le spectacle de la Patrie féconde et glorieuse. La ville de Lyon aurait pu mieux faire. Elle a craint peut-être de paraître trop égoïste en soignant ses intérêts avec l'ardeur qu'elle apporte ordinairement dans les luttes de l'Industrie. Quoi qu'il en soit, je n'oublierai pas que plusieurs de ses enfants, et les meilleurs, ont eu l'audace d'entreprendre et l'intelligence de réussir.

Lorsque l'Exposition a commencé à faire figure, lorsque l'idée est sortie de ses langes, elle a recruté une foule d'approbateurs. Je sais même un personnage important qui s'est écrié devant moi : « l'Exposition semble réussir, soutenons-la ! »

Ce n'est pas à ces amis de la dernière heure que j'adresse mes compliments, mais ils ont été trop nombreux pour que je ne les démasque pas.

Je me suis promis de ne pas faire d'historique et de ne pas ennuyer mes lecteurs en leur racontant ce qu'ils savent mieux que moi : je veux seulement, avant de commencer à transcrire mes notes et à les livrer au public, déclarer que je ne prétends pas juger en dernier ressort et imposer mes appréciations. Je ne veux pas non plus procéder par classifications : je ne suis pas un professeur, mais un curieux, je ne théorise pas, je flâne.

Un avertissement encore : j'ai l'habitude quand je visite un musée, une ville ou une exposition, de ne pas étudier les tableaux, les monuments ou les produits d'après les indicateurs ou les catalogues. Je vais au hasard, prenant le chemin qui me plaît, et ne suivant d'itinéraire que celui que ma fantaisie me trace. On ne s'étonnera donc pas si je passe d'une machine à vapeur à une statue, et d'un canon rayé à un éventail. J'ai lu autrefois que, lorsque la Providence s'en mêle, le désordre est un effet de l'art. Il ne me déplaît pas d'être artiste, même sans m'en douter.

.•.

Un beau matin de juillet, je hélai un cocher de fiacre qui s'était coché dans sa voiture pour lire le *Petit journal*. Pendant qu'il me conduisait au Parc, je trouvai dans la voiture une lettre que j'ai discrètement envoyée à mon imprimeur. Elle était ainsi conçue :

« A MADEMOISELLE LUCIE DE MONCABRIÉ

« Mon cher cœur,

« Quand je suis partie pour visiter l'Exposition, j'avais une idée fixe : trouver le moyen de paraître cet hiver moins négresse que par le passé. Dieu, qui a voulu me punir des péchés que je commettrai un jour, m'a affligé d'un teint de brunisseuse, et quand je contemple la blancheur de ton épiderme, je rougis de honte. Je suis humiliée de n'avoir pas des lys sur la joue comme j'en ai dans le cœur. Il fallait donc, à tout prix, adoucir la teinte. Juge de ma joie lorsque j'ai trouvé, dans la galerie des parfums, un génie qui descend du ciel et qui s'est fait inscrire, dans ce monde d'afflictions et de taches de rousseur, sous le nom poétique de Lavandier. Tu ne peux pas te figurer combien il m'a été doux de passer en revue les savons les plus odorants et les plus exquis. Le représentant de mon génie, qui sans doute était remonté

— 4 —

aux sphères éternelles, est un grand blond qui use trois pince-nez par jour. Il paraît qu'il faut attribuer une pareille consommation de verres à une contemplation perpétuelle de clientes de distinction. Toujours est-il que cet homme est charmant, et qu'il m'a choisi des savons extra-fins dont j'ai fait l'expérience le soir même, à l'hôtel Collet. Tu ne me reconnaîtrais plus : ta Valentine est plus blanche que la blanche hermine, et si elle ne se marie pas avant trois mois, c'est que le célibat sera obligatoire. Il ne faut s'étonner de rien, en république. La Maison Lavandier a bien mérité d'un pays qui a tant de choses à nettoyer. J'ai vu fabriquer ce que Mlle de Scudéry aurait appelé « le ministre de la propreté » le savon enfin. C'est très-ingénieux, et pas répugnant du tout. Puis, j'ai admiré une Vénus en glycérine, transparente comme l'eau de ton lac. Je ne lui envie pas ce charme étrange, car il n'est pas nécessaire que mes valseurs lisent au fond de mon âme ce que je pense du nœud de leur cravate.

« Viens, ma chérie, viens contempler les chefs-d'œuvre de Lavandier. On dit que ta pâleur si remarquée n'est due qu'à des débauches de poudre de riz : les savons que l'on vend ici t'éviteront de semblables soupçons. Viens, tu verras Hébé, la verseuse de parfums, viens, tu verras tout cela, et même le grand blond qui use trois pince-nez par jour.

« Je baise tes cheveux noirs,

« Valentine de R... »

Moi aussi, j'ai vu Hébé. Les rameaux tombants d'une houblonnière artificielle, mais admirablement réussie par M. Brun, viennent baigner son front pur. Ceux qui créent des plantes avec tant de science et de goût, doivent confectionner passablement les fleurs d'oranger. Si Mlle Valentine de R. trouve un mari, et je n'en doute pas, elle saura où acheter sa couronne.

Je lui indiquerai même une Maison de lingerie où elle pourra faire emplette de fins mouchoirs. M. Longuet, de Paris, possède à l'Exposition une succursale de sa Maison bien connue. C'est une charmante femme qui est la vice-reine de cette colonie. Un chiffre donnera une idée exacte des attraits de cette marchande : en deux mois elle a vendu quatre cents douzaines de mouchoirs brodés.

> Malheur à la fille encor sage,
> Qui, laissant tomber son mouchoir,
> A son cousin laisse ce gage
> D'inexpérience et d'espoir !
> Malheur à celle qui l'agite
> Sans l'assentiment maternel,
> Car sa vertu s'en va bien vite
> Où vont les neiges de Noël !

Vous verrez que ces bons conseils n'empêcheront pas les Lyonnaises de tourmenter leurs cavaliers pour avoir une douzaine de mouchoirs brodés, de l'Exposition. Chaque mouchoir servant, en moyenne, à deux intrigues, quelle est la jeune fille qui reculera devant la perspective d'avoir vingt-quatre amoureux.

J'avais beaucoup entendu parler des gaufres exquises que M. Piel fabrique avec une merveilleuse dextérité. Comme j'aime à approfondir les sujets que je traite, j'ai goûté une demi-douzaine de ces légers gâteaux, et je puis dire, en connaissance de cause, qu'ils sont délicieux. On a dit que le temps ne faisait rien à l'affaire. Parbleu! La question *sociale* est de l'économiser, ce temps. M. Piel, inventeur du gaufrier, et médaillé à toutes les expositions du monde et de Navarre, se sert d'un appareil à charriot qui donne aux gaufres cuites au gaz une forme très-élégante.

Quand M. Piel opère lui-même, il fabrique 250 gâteaux à l'heure, à 15 cent. pièce, soit 37 fr. 50 cent., c'est-à-dire de quoi payer la journée de 680 pousse-cailloux. M. Piel a été chanté par tous les journaux, et particulièrement par le *Petit Journal*. Cet agréable inventeur fabrique aussi des *plaisirs*, dont la seule ville de Paris consomme des millions..... Sans compter les plaisirs défendus.

Après la pâtisserie, une liqueur n'est pas à dédaigner. MM. David et fils frères sont les inventeurs de cette Périgourdine fabriquée avec la truffe savoureuse, et que la presse française a récemment chantée. Il appartenait à la truffe, reine des tubercules, de conserver, même sous sa forme liquide, son incontestable supériorité.

RECTIFICATION HISTORIQUE

Lorsque la blonde Eva, le cœur plein de chimères,
Se donna, pour toujours, au premier électeur,
La pomme, si j'en crois des écrivains sincères,
N'a pas été le seul agent provocateur.
Lorsqu'Adam, pressentant de sublimes tendresses,
Voulut apprécier la femme et ses caresses,
Lorsqu'il voulut compter, ivre de volupté,
Les trésors inconnus d'une beauté divine,
Pour charmer sa compagne au regard velouté,
Lui, pas bête, il offrit de la Périgourdine.

La première fois que je goûtai de cette liqueur, c'était en compagnie d'un alsacien qui a opté pour la Guillotière.

— Que pensez-vous de ce nectar, lui dis-je?

— Je le *truffe* excellent.

. .

Les liqueurs se suivent, mais ne se ressemblent pas. L'*Amer-Picon* n'appartient pas au sexe faible, comme on pourrait le croire. Elle ne convie pas moins toutes les dames à la fréquenter un peu. Elle s'engage à leur donner des forces, pour soutenir les épreuves de l'amour et de l'adversité. L'*Amer-Picon* est une liqueur qui a détrôné le bitter, comme les bottes ont détrôné les sabots. Tous les grands cafés de Lyon se sont empressés d'en faire provision, et bientôt, au lieu de la locution : *prendre l'ab-sinthe*, nous aurons celle-ci : *prendre l'amer*. Tant pis pour ceux qui croiront qu'on va s'embarquer. C'est M. Eugène Roy qui représente l'inventeur. Une liqueur, lancée par un homme aussi intelligent, ne peut manquer de réussir, serait-elle faite avec du sirop de pierre de taille : à *fortiori*, lorsqu'elle ouvre à ceux qui la boivent les plus doux horizons. Un grand nombre de dames dégustent l'*Amer-Picon* ; c'est pour nous un signe de réveil national. Le lait maternel commence à s'user ; à bientôt l'*Amer* de famille.

La galerie des liqueurs manque de divans ; elle mériterait cependant d'être mise en état de *siéges*. Je sortis donc pour me reposer dans le jardin. J'aperçus heureusement des chaises rustiques, des tentes champêtres, des volières élégantes et des kiosques poétiques. L'auteur de toutes ces merveilles rurales, M. Tranchand, peut fournir aux députés en vacances des abris dignes d'eux. Notez qu'il n'est pas ici question d'employer les volières. Je remarquai, parmi ces belles choses, des bancs, discrets comme une alcôve, où l'on peut rêver à deux avec

la certitude de n'être pas aperçu. La devise de
M. Tranchand serait-elle celle de M. de Lauzun :
Amour et mystère ! Quoi qu'il en soit, il est difficile de trouver un assortiment plus complet de fauteuils sveltes comme une jeune fille, et qui vous
tendent les bras comme une coquette, de bancs de
toutes formes, de ces meubles, enfin, qui sont utiles
et agréables, et qui mériteraient l'honneur de servir
au fameux chalet Cordier. On s'extasiera, comme
nous, en voyant le fer plié à toutes les exigences, et
imitant parfois les capricieuses ciselures et jusqu'à
la couleur naturelle du bois. M. Tranchand possède
une magnifique usine place d'Helvétie (ne lisez pas
des Vessies); c'est de là que sortent tous les objets
que nous signalons à l'attention des visiteurs.

. .

Je viens de rencontrer l'honorable Gaspard Bellin,
l'auteur de la *Cantate de l'Exposition :* il lisait
Quinte-Curce.

. .

Les souvenirs classiques me donnent de l'appétit.
Je vais déjeuner chez le Brébant de l'Exposition, qui
est, sans contredit, M. Wattebled. Dans deux
grandes salles magnifiquement décorées et pouvant
contenir une foule innombrable, se réunissent tous
les gourmets à la recherche d'un bon dîner. Le
service est richement fait. Tout en prenant son
repas, on peut voir défiler les promeneurs, mais il

est plus agréable encore de contempler les splendides décorations des murs. Des paysages ravissants offrent aux regards leurs bosquets enchanteurs. N'est-ce pas une consolation, en dégustant une sole au gratin, d'apercevoir une superbe cascade, des arbres répandant l'ombre et la fraîcheur et des tourterelles perdues au milieu de tout cela. Le chef de M. Wattebled rendrait des points à Vatel. C'est lui qui organise les banquets de l'Exposition, et les seules personnes qui s'en plaignent sont celles qui n'y assistent pas.

Après mon déjeuner, je me suis surpris à regarder une belle blonde qui, dans un établissement voisin, dégustait une tasse de chocolat.

Le chocolat est devenu une nécessité sociale. Ce principe admis, M. Payraud est un homme providentiel. Depuis dix-sept ans, il a travaillé sans relâche à étudier cette question. Il ne serait pas facile de dire tous les efforts qu'elle a coûtés avant d'être résolue. Qu'importe, le succès a été atteint, et tous les pénibles labeurs sont maintenant oubliés. Les humains parlent avec enthousiasme des généraux qui prennent une ville, mais ils se gardent bien de rendre hommage à ceux qui les font bien déjeuner, et à bon marché. C'est sans doute pour flétrir un pareil oubli qu'on a appelé l'ingratitude : l'indépendance... de l'estomac. M. Payraud reçoit ses matières premières, cacao et sucres, des plan-

teurs de la Guyane et de la Martinique ; il évite
ainsi les intermédiaires rapaces, et sert à son immense clientèle les produits les plus purs et les plus
frais. Quand je dis qu'il les sert, je suis injuste envers
les délicieuses miss qui trônent derrière les comptoirs
somptueux de la maison. Je réparerai mon erreur
en répétant les paroles d'un noble étranger qui disait
dernièrement : « Déjeuner avec du chocolat Payraud, surprendre par dessus le marché un regard
de ses esclaves, et mourir ! » La maison Payraud
a son usine à la Mouche et des succursales à Genève,
à Marseille, à Toulouse, à Paris, etc...!

.·.

Mais je m'aperçois que j'ai oublié la jeune blonde.
C'est sans doute une musicienne, car elle s'est diri-
gée dans la galerie des pianos, et là, elle écoute
religieusement un jeune homme qui joue une admirable mélodie de Gounod.

C'est le moment de jeter un coup-d'œil sur des instruments que, jusqu'à ce jour, j'avais eus en horreur,
grâce à l'insipidité de leur chant. Les pianos américains, de Steinway et fils, de New-York (concession-
naires à Paris, MM. Margeot frères, et à Lyon,
représentant, M. Deschaud), ont vaincu mes dédains.
Couronnés à tous les concours, ces instruments se
font remarquer par une puissante sonorité, et le vir-
tuose qui veut briller par un jeu éclatant, ne saurait
s'en passer. Dans son rapport musical, à l'Exposition

de 1867, M. Fétis fait le plus grand éloge des pianos américains : venus de si haut, les compliments ont bien leur valeur.

M. Deschaud a exposé lui-même des instruments fort remarquables. Cet éditeur, bien connu, a perfectionné le piano, en disposant la table d'harmonie sur un appareil répercuteur métallique, et lui a donné ainsi une analogie parfaite avec un ensemble d'instruments à cordes. Les pianos de M. Deschaud ont des vibrations harmoniques et puissantes qui ne dégénèrent jamais en grincements désagréables. On éprouve à les entendre, et surtout à jouer, un sentiment indéfinissable de satisfaction, qui prédispose l'artiste et l'inspire. M. Deschaud, déjà couronné en 1858, à Turin, recueillera bientôt tous les avantages de son perfectionnement. En attendant, il obtient un succès légitime que les amateurs ne lui marchandent pas.

Ma belle inconnue a disparu : il ne me reste qu'à poursuivre ma promenade ; c'est ce que j'aurai de mieux à faire. Permettez-moi de vous présenter un *consommé* qui est appelé à la plus grande popularité. M. Emile Rousset se préoccupait, depuis longtemps, d'une question plus intéressante que celle d'Orient : la question du potage. Il voulait arriver à épargner aux cuisinières des courses très-longues, et au budget des ménages ces centimes additionnels qui servent à tresser l'anse du panier. Confiant dans le succès de sa cause, M. Rousset a pu prononcer, à son tour, l'*Euréka* d'Archimède. Il n'est pas une famille qui veuille se passer désormais du *Manioc*. Ce potage vainqueur se compose de semoule purifiée, d'extrait de viande concentré et d'extrait de légumes. Ces trois éléments sont renfermés dans une petite boîte qui coûte vingt centimes. Il suffit d'en verser le contenu dans une certaine quantité d'eau, et, quelques minutes après, celle-ci se colore agréablement et se transforme, non pas seulement en bouillon exquis, mais en potage savoureux. M. Rousset doit être content. Quant à moi, j'entrevois un avenir prochain où le cacao, le café au lait et autres déjeuners *ejusdem farinæ*, seront remplacés par une prise de *Manioc*. Ce jour-là, régénérés par un bouillon puissant, les Français redeviendront des hommes et la revanche commencera.

Je recommande aux belles filles des orgies de Manioc. Elles y puiseront l'amour du travail. C'est alors qu'elles iront s'asseoir à la machine à coudre *Singer*, et qu'elles rempliront leur tâche ici-bas, qui est de produire. La Compagnie *Singer*, représentée dans toutes les villes du monde, a lancé dans le commerce une couseuse sans rivale. Elle a voulu, surtout, venir en aide aux classes laborieuses. C'est ainsi que, pour un faible loyer, une famille, quelque pauvre qu'elle soit, peut devenir propriétaire d'une machine, en très-peu de temps. C'est là de l'humanité, ou je ne m'y connais pas. La machine à coudre Singer que nous avons vue entre les mains d'un jeune aveugle et d'un soldat, sort de la plus importante fabrique américaine. Elle a eu, dans sa carrière, toutes les couronnes et tous les honneurs. En 1871, elle a vendu 181,260 machines, dépassant de plus de 52,000 le nombre atteint par la maison qui après elle, est la plus importante. Je cite ces magnifiques résultats, convaincu que les esprits, même les plus blasés, se rendront à l'éloquence de ces chiffres.

A propos de chiffres, j'aurais grand tort de ne pas m'occuper d'un système de comptabilité, en partie double, inventé par M. Conventz. La *Ligne droite*, c'est le nom de ce système, indique suffisamment qu'il n'est pas créé et mis au monde pour aller par quatre chemins. J'ai suivi avec un grand intérêt une leçon du professeur Conventz. Jusqu'à cette heure (il est 3 h. 1/2), je n'avais rien compris à la tenue des livres. Eh bien, on le croira si l'on veut, maintenant je commence à comprendre que je comprendrais bientôt. Du reste, le maître n'a pas compté sur des esprits obtus comme le mien. Ce dont je me suis assuré, en moins de temps qu'il n'en faut pour vider un bock Dreher, c'est que M. Conventz évite du travail, des erreurs, des ajournements d'inventaires, des formules obscures, des difficultés de contrôle, et enfin les indiscrétions relatives aux résultats d'un inventaire. Un grand nombre de personnes compétentes m'ont affirmé la valeur de ce système. L'une d'elles, partant du principe *Times is money,* comparait la méthode Conventz à une machine qui augmenterait sa force en diminuant considérablement la consommation du charbon. Je reste sur cette métaphore, après avoir offert, toutefois, mes félicitations à M. Conventz.

C'est sans doute pour me détourner de la *Ligne droite,* qu'un de mes amis vient me prier de lui donner mon humble avis sur deux liqueurs.

Si Noé revenait sur terre, il débarquerait à Béziers, chez M. le comte de Cassagne, Pourquoi ? Parce que le noble viticulteur a trouvé la recette d'un *Mustok-Rancio* auprès duquel l'ambroisie n'est que de la piquette. Ce vin, aussi exquis que couronné, exalte l'imagination des artistes. Je le recommande aux directeurs de tous les conservatoires du monde. Qu'une pareille liqueur se vulgarise, et au lieu de rétamer des *Timbales d'argent,* nos compositeurs ressusciteront des *Dames blanches.* Tant pis pour M. Jules Simon qui n'aime pas Auber. Fils du beau soleil du midi, le *Mustok-Rancio* grandira, quoiqu'il ne soit pas espagnol. Il est, du reste, de haute race, et tous les palais lui offriront une large hospitalité. Le *Mustok-Rancio* exhale

des parfums de Muscat et des souvenirs de Malaga :
M. le comte de Cassagne choisit bien ses auteurs.

.·.

M. Fillion neveu a exposé une crème de cacao
dont tout le monde est ravi. Il est impossible de
donner à une liqueur une saveur plus exquise et un
parfum plus doux. Le même industriel a trouvé le
secret d'un *quina-vermouth* qui est appelé à un
grand et légitime succès. Un rapport du docteur
Magnet signale, en termes chaleureux, ce nouvel
apéritif. Le *quina-vermouth* dépasse de plusieurs
longueurs les vermouths d'Italie : ce n'est pas difficile à prouver. A Turin on les fabrique avec les
vins blancs d'Asti, très-inférieurs à nos vins célèbres de Lunel et de Frontignan qui servent à com-
poser le *quina-vermouth*. M. Fillion a voulu faire
une boisson hygiénique avant tout, et agréable
ensuite. Ceux qui l'ont goûtée ne doutent pas qu'il
ait complètement réussi. Quant aux philanthropes
acharnés à faire à l'absinthe une guerre sans merci,
ils peuvent se vanter d'avoir dans le *quina-vermouth* un allié de plus.

.·.

Je parlais tout-à-l'heure de la *Timbale d'Argent*.
Toutes les timbales, hélas ! ne sont pas en *vil* métal.
Mes contemporains portent des chaînes de ruolz, et
mes contemporaines des appas de carton. A l'amour

du vrai a succédé la passion du faux. Un homme qui est bien de son siècle, M. Labonde, a trouvé un ingénieux moyen d'argenter les timbales, les couverts, les services de tables, les chandeliers, les réflecteurs de lanternes, etc. Le *bleu d'argent pur* transforme tous ces objets. Je me fais un devoir de le recommander à ceux qui tiennent à étaler les splendeurs d'une argenterie à bon marché. Le ménage qui utilisera des couverts de ce genre jouera un bon tour aux amis de la maison qui, par mégarde, emportent leur fourchette. J'apprends encore que M. Labonde a trouvé le moyen de *dorer* aussi facilement qu'il argente. Nous avions jusqu'ici la jeunesse dorée, par le procédé Ruolz : nous allons avoir mieux que cela. M. Labonde a-t-il trouvé la pierre philosophale ? on le dirait.

Puisque j'ai appelé l'attention publique sur l'embellissement facile des batteries de cuisine, je ne puis me défendre de m'incliner avec vénération devant le *nécessaire de la cuisinière*, appareil qui réussit toutes les sauces mayonnaises et tartares qu'on lui confie. Il sert encore à confectionner les crèmes à la Chantilly et une foule de choses délicates qu'une bonne à tout faire serait impuissante à produire. Le *nécessaire* dont il s'agit, économise du temps, de la fatigue et de l'argent. Il a donc trois titres au respect du monde entier. On le trouve chez M. Divat-Magdinier,

2

qui est bien connu par des passementeries de tout
genre. L'inventeur, M. Gandon, est un officier distin-
gué qui n'a pas cru dégénérer en devenant officier
de bouche. Oh! le cumul!

Ceux qui me liront éprouveront sans doute le
besoin de se délasser. Il n'y a pas de meilleur
moyen que de s'asseoir à une table de la brasserie
d'Alsace-Lorraine et de demander une bière de
Strasbourg dont je ne vous dis que ça. La bière de
Dreher, que l'on a tant surfaite, est loin de valoir
celle-là. J'en appelle au gosier de mes contemporains
et je ne leur demande qu'une chose, c'est de compa-
rer. MM. Sanaoze et Pornon ont monté un établissement qui, grâce à son enseigne patriotique, ne
peut que prospérer. Depuis quelque temps, la foule
s'y porte avec un louable empressement, et elle fait
preuve de goût, car on y déjeune et l'on y dîne bien,
à bon marché. La brasserie d'Alsace-Lorraine est
fort bien placée : M. Sanaoze a répandu des fleurs à
foison, et il est très-doux de dîner au milieu de la
verdure et dans une atmosphère de parfums non
frelatés; de plus, on y jouit de l'ombre et de la fraîcheur des arbres du Parc; quant à la vue, elle est
splendide. Le lac miroite à deux pas, à travers d'élégants bosquets, et de temps en temps, l'*Harmonie
Gauloise*, la première des sociétés chorales de Lyon,
donne des sérénades aux heureux clients de la brasserie d'Alsace-Lorraine.

.·.

Je ne quitterai pas le Parc sans inviter mes lecteurs
à me suivre dans le jardin où M. Guimard a établi
un nouveau gymnase. Ils assisteront avec plaisir à
une démonstration du nouveau système de gymnastique pédagogique, spécialement à l'usage des écoles,
donnée par l'inventeur lui-même. M. Guimard s'est
appliqué à vulgariser la gymnastique, qui est un des
agents les plus sûrs de la régénération. Il est parvenu à installer, dans un espace très-restreint, tous
les appareils nécessaires et, ce qui n'est pas à dédaigner, à en modifier considérablement le prix. De
cette façon, le village le plus humble pourra offrir
un gymnase complet à son école, et la décentrali-
sation de la grâce corporelle et de l'élégance des
manières ne tardera pas à s'opérer. M. Guimard
n'emploie que des appareils qu'il a combinés très-
ingénieusement et qui évitent des dépenses devant
lesquelles on recule toujours. J'ai remarqué un gymnase spécial qui permet de se livrer, même dans une
toute petite chambre, à une foule d'exercices hygié-
niques. J'ai trouvé enfin, dans l'œuvre de M. Guimard, toutes les améliorations que, depuis trop
longtemps, on attendait de l'art de la gymnastique.

.·.

J'entendis la grosse cloche de l'Exposition sonner
cinq heures. Après une promenade aussi longue, il

ne me sembla pas trop désagréable d'aller prendre un bain froid.

J'allai donc faire une visite à M. Jean-Baptiste Marmet, qui tient le plus grand établissement de bains froids que je connaisse. Quand je fus en tenue, c'est-à-dire en caleçon, je m'élançai dans l'onde, en traçant une courbe sans harmonie. Les bains que M. J.-B. Marmet possède sur le quai St-Clair sont trop connus pour que j'en parle longtemps. On sait d'ailleurs que les Lyonnais sont d'excellents nageurs et qu'ils ne négligent aucune occasion de piquer une tête. Chez M. J.-B. Marmet, il est impossible de se noyer, à moins d'y tenir beaucoup. Des garçons vigoureux ont l'œil sur le client qui aurait trop de propension à s'enfoncer. Les nombreuses cabines de l'établissement sont soigneusement entretenues.

Les citoyens qui préfèrent les bains chauds feront bien d'aller chez M. Maderni, qui possède, sur le quai de Retz, un établissement unique en son genre. Un étranger, qui se respecte et qui se lave, ne peut pas se dispenser de le visiter. Il trouvera, en plein Rhône, tout le confortable et tout le luxe rêvés. On ne saurait s'imaginer toutes les splendeurs qui ont été déployées pour faire de cette station balnéaire une maison sans rivale. Le matériel est immense : il suffit à garantir le capital, ce qui n'est pas sans importance pour un acheteur. J'ai appris que M. Ma-

derni voulait rentrer dans le repos. Je crois rendre
service à ceux qui veulent faire fortune, à leur tour,
en signalant comme une merveille du genre l'établissement de bains chauds du quai de Retz. Les
eaux n'en sont pas dénaturées par la filtration. Enfin,
dernier et inappréciable avantage, M. Maderni possède une machine hydraulique de la force de douze
chevaux et avec laquelle il fabrique du chocolat.
Cette force motrice est applicable à toutes les indus-
tries.

Inutile de dire qu'un pédicure, un vrai, est attaché
à l'établissement. Il se nomme M. Mayer, est blond
comme les blés, et vous arrache un cor avec un talent bien rare. M. Mayer ne rate jamais ses opéra-
tions. Si la société peut être régénérée par les bases,
elle le sera. Quant à vous, belles dames, puissiez-
vous voir un jour cet homme à vos pieds.

J'allais rentrer chez moi lorsque je fis la rencontre
d'un de mes amis, journaliste, *di primo cartello*.
Il fallut naturellement dîner ensemble. C'est au café
de Madrid que nous allâmes demander la pâture du
soir. M. Matossi peut se vanter d'être bien installé.
Il est difficile d'être mieux placé et de procurer à des
clients plus d'avantages et de satisfactions. Tous les
journaux du monde et de Navarre gisent épars sur
les tables, à la disposition de ceux qui savent lire.

Quant à ceux qui savent souper, ils n'ont qu'à prendre une petite porte discrète qui les conduit dans des salons magnifiques. La clientèle de M. Matossi est très-sérieuse. On se trouve là en bonne compagnie, et l'on ne peut se dispenser d'y revenir souvent. Le service est admirablement fait; enfin, ce qui me plaît en ces lieux c'est de ne pas y voir :

> De ces pâles beautés, femmes au cœur éteint,
> Dont le sourire est faux et l'épiderme teint !

Mon ami dut me quitter pour aller à l'hôtel de l'Europe, écrire les impressions de ses visites à l'Exposition. Ses notes devaient paraître trois ou quatre jours après dans un journal élégant. Je prends la liberté de les publier pour ceux qui n'ont pas eu le plaisir de les lire.

NOTES D'UN ÉLÉGANT

(Adressées à M. le vicomte A. de P.....).

Lundi.....

J'avais cru, jusqu'ici, qu'il n'y avait de tailleurs qu'à Paris. J'en demande pardon à M. Caillat, dont je suis enthousiaste. Figure-toi, cher vicomte, que ce prince de l'aiguille a une coupe que je ne donnerai pas pour celle du roi de Thulé. Il est difficile de mieux réussir l'habit bleu à boutons d'or, la jaquette

svelte et gracieuse, la redingote habillée, tous les
costumes enfin, depuis la tenue fantaisiste de l'ado-
lescent jusqu'à la mise austère du vieillard. M. Caillat
ne se contente pas de grandir les simples parti-
culiers dans l'estime du monde, il habille encore, et
avec quel goût? tous les fonctionnaires, depuis le
greffier jusqu'au ministre, depuis le conducteur des
ponts-et-chaussées jusqu'au préfet. De plus, c'est un
tailleur suivi des quatre facultés. Il revet de leurs
majestueuses robes, de leurs blanches hermines, de
leurs manteaux pourprés, les conseillers à la cour,
les professeurs, les principaux, les docteurs et les
recteurs. En un mot, si M. Dussautoy est Dieu,
M. Caillat est son prophète.

Mardi.....

Je me suis laissé dire qu'à l'occasion de ton mariage tu voulais renouveler tes voitures. Prends le
train de quatre heures trente, descends à l'hôtel de
Lyon, change de linge et viens voir l'exposition de
MM. Faurax. Mon beau vicomte, tu seras content.
Décidément, la capitale — comme on dit à Tarascon
— baisse pendant que la province grandit. Avant de
quitter le boulevard, je pensais qu'on ne faisait ici
que des chars-à-bancs, des jardinières et des dili-
gences. Erreur, mon cher, erreur. On fait le landeau
et le huit-ressorts aussi bien que chez Morel. O Paris,
voile ta face !

La maison Faurax pourrait rivaliser avec les

meilleures du monde, et je suis bien sûr qu'elle ga- gnerait souvent la timbale.

Son fondateur, M. Faurax, était un homme à idées larges, qui comprenait que son œuvre ne mar- cherait bien que lorsque les bourgeois iraient en voiture. Aussi, il n'est pas ici un négociant qui ne jette un regard de convoitise sur ces vastes ateliers d'où sortent tant de voitures. Ah! c'est que c'est un doux rêve d'être *habillé* par MM. Faurax !

L'aristocratie leur demande ses élégantes voitures, sûre de ne pas regretter sa haute confiance.

Viens donc voir, cher vicomte. S'il n'est pas vendu, tu achèteras le fameux phaéton huit-ressorts qui fait l'ornement de la galerie.

Ce n'est pas une voiture : c'est un trône roulant, d'où ta future vicomtesse rayonnera. Tu ne t'arrê- teras pas en si beau chemin, car un coupé d'une mer- veilleuse légèreté, exposé également par MM. Faurax, te tentera, j'en suis sûr, et peut-être même le *duc* si élégant et si gracieux qui attend, non loin de là, l'ordre de filer comme une étoile dans la direction du bois. Tu remarqueras aussi un magnifique lan- dau, à huit ressorts et à cinq glaces, qui vient d'être acheté pour la cour du vice-roi d'Égypte.

Après avoir acquis ou, du moins, marchandé tous ces chefs-d'œuvre, si tu veux acquérir la certitude que la carrosserie est une véritable institution, tu n'as qu'à demander à visiter les ateliers de MM. Faurax. Tu seras accucilli comme tu le mérites, et tu sortiras ébloui de cette vaste maison qui, aux yeux d'un membre du Jockey-Club surtout, est une des merveilles lyonnaises.

Je t'écrirai demain. Adieu, si tu vois Blanche, dis-lui de me rester fidèle..... si possible.

Mercredi.....

J'espère que tu ne t'étonneras pas de me voir très-scrupuleux à l'endroit des exposants. Je suis très-difficile ; mais lorsqu'il m'arrive de distinguer quelqu'un, c'est pour tout de bon.

Tu sais, mon cher Vicomte, que je désire depuis longtemps un tout petit appartement décoré par un artiste, et assez gracieux et séduisant pour me retenir chez moi. Je crois avoir trouvé le tapissier de mes rêves. M. Sicard a exposé des meubles qui sont de véritables chefs-d'œuvre. Tout ce qu'une imagination fantaisiste peut enfanter, il nous le montre. Tout d'abord, tu resteras en extase devant un lit princier qui ne peut être que celui de la Belle au bois dormant. Quelle richesse et quel goût, cher Vicomte. Il n'est pas au monde un insecte assez audacieux pour oser se glisser dans une couche aussi somptueuse. Un amoureux ne saurait, quelque ambitieux que soient ses désirs, demander un plus beau lit pour celle qu'il aime ; ce lit style Louis XVI, est en ébène, avec quelques légers ornements dorés, et ses colonnes supportent un dôme garni d'une draperie somptueuse d'où descendent des rideaux en satin bleu doublé de satin rose et bordés eux-mêmes d'une passementerie très-riche. A côté du lit se trouve une armoire à glace assortie dont le fronton rappelle à merveille l'époque où l'art brillait de son plus vif éclat. Puis viennent les chaises élégantes, les fauteuils armoriés, enfin tout le matériel confortable d'un salon qui se respecte. J'ai remarqué une table en bois de différentes couleurs qui est une imitation parfaite des admirables marqueteries italiennes et des tableaux, également en marqueterie, représentant des sujets historiques. Le bureau oratoire, en ébène massif, est un chef-d'œuvre d'exécution. Il est décoré de bronzes dorés, et flanqué de tourelles destinées à recevoir des statuettes, des écrins, des antiques, les œuvres de Froment Meurice, des bijoux d'Herculanum ou des bagues mexicaines. La construction de ce splendide meuble est très-originale. M. Sicard a été sobre de ces dorures qui éblouissent tout d'abord, mais qui ne sont pas la dernière expression du goût.

En résumé, M. Sicard est un ébéniste très-distingué, que je recommande à l'attention de tous les gens qui ont le sentiment de l'élégance et de l'art.

Si Blanche voyait cette exposition, je serais certainement forcé de me ruiner pour satisfaire quelques-unes de ses fantaisies. Elle a beau appartenir à une dynastie de concierges, elle a du goût comme une marquise. Adieu. Je serai au Helder après-demain.

Ma seconde promenade à l'Exposition avait un but intéressé : je voulais déjeûner à la Brasserie alsacienne.

La Brasserie alsacienne dont MM. Charton et Mazoyer sont les pachas est, sans contrédit, la plus importante de l'Exposition. Un essaim de jeunes filles, coiffées comme les paysannes du Bas-Rhin, papillonnent autour du client qui, émerveillé, ne songe plus à consommer que..... des alsaciennes. Mais comme elles ne cascadent jamais, *per diem*, il faut rapporter sur la bière, qui est excellente, des amours, qui sont prorogées. La brasserie de M. Charton est aussi un restaurant, où dînent les gros bonnets de l'administration, et de nombreux visiteurs. La cuisine est séduisante, le service prestement fait, et, en fin de compte, le dîner n'est pas cher. Que faut-il de plus pour s'établir aux *Alsaciennes* et s'y consoler de l'Exposition des fromages qui *fourmille* assez loin de là pour qu'on n'y pense plus.

————

En rentrant dans la galerie, on trouve bientôt la section des imprimeurs. Comme j'ai besoin de ces gens-là, j'avais l'intention de les faire tous passer à l'immortalité, sur les ailes de la réclame. Cependant, comme j'ai la prétention de ne distribuer des éloges qu'à ceux qui ne les ont pas volés, comme je suis persuadé que parmi les exposants dont je parle, les neuf dixièmes seront médaillés, ou du moins, auront des mentions (j'abandonne l'autre dixième à l'injustice du jury) ; comme, enfin, je ne juge qu'à bon escient, après expertise, contrôle et délibération, j'ai dû faire taire mes préférences universelles, et parler du lion de la typographie.

M. Savigné, de Vienne, en Dauphiné, est le Marcellus du livre. Je ne sais si cet imprimeur aspire à recueillir la succession de Perrin (du vrai), mais ce dont je suis sûr, c'est qu'il a débuté par des coups de maître. Sa vitrine renferme plusieurs chefs-d'œuvre, entre autres un petit poème, *Macéda*, de M. Raymond Layre, et des livres historiques signés par les grands noms du Dauphiné. M. Savigné s'est attaché à perpétuer les traditions d'une école typographique, aujourd'hui presque disparue. Hélas ! dans ce siècle à la vapeur, l'écrivain pense vite et l'éditeur imprime au galop. C'est encore ce dernier qui gagne la course. Heureusement que quelques auteurs remettent leur ouvrage sur le métier : ceux-là seuls sont dignes de faire gémir les presses de l'éditeur viennois, dont le nom aura bientôt, je l'affirme, une juste notoriété.

Je ne quitterai pas un compatriote de Ponsard, sans parler de deux exposants qui ont l'honneur d'être ses concitoyens.

M. Perrot, commandité par M. Eymin, a trouvé une voiture à bras dont le système est très-ingénieux.

Une fois déchargée, cette voiture se replie sur elle-même; se referme comme un livre et peut être remisée dans un espace de cinquante-quatre centimètres. Avis à ceux qui n'ont pas de hangar. Economiser le temps, c'est magnifique; économiser l'espace, c'est sublime... et viennois.

. .

M. Manin est fabricant de bois cintrés. Cette révélation ne semble pas promettre beaucoup de voluptés : eh bien, on se trompe. M. Manin a exposé des bois travaillés avec un art inoui. Au moyen d'un agent (pas de police), du feu, sans doute, il est parvenu à faire plier le bois le plus dur, aussi complétement qu'une branche d'osier. Cette domination, que M. Manin a conquise sur les bûches, va régénérer le charronnage et la carrosserie. L'exposition de M. Manin obtient un grand succès auprès des gens spéciaux. Elle n'a produit que fort peu d'effet sur l'esprit, pourtant curieux, de Céline Montaland.

. .

Tout le monde ne peut avoir des philtres pour retenir les belles filles. M. Geofroy-Gomez, médecin de Toulouse, est en train de se faire une réputation, grâce à un « *filtre* » électro-chimique, qui abasourdit les connaisseurs. Vous versez dans un réservoir de l'eau infecte, du purin, du pétrole, et autres liquides à la mode. La filtration s'opère en un clin d'œil et vous obtenez de l'eau limpide et pure comme une goutte de rosée ou une larme de Graziella. J'ai vu trois chimistes ahuris devant un résultat si merveilleux : ils ne pouvaient croire à la désinfection de ces liquides, elle est pourtant complète. M. Geofroy-Gomez, qui vient de résoudre un tel problème, est une Providence pour les populations qu'une eau malsaine condamne à toutes sortes de maladies. Je sais que des appareils pour la filtration des vins et autres liquides obtiennent le même résultat, ainsi qu'un filtre à glace où l'on met de l'eau chaude et qui rend de l'eau à 0°. M. Geofroy-Gomez a fait faire de grands progrès à l'industrie.

****

Après avoir bu un peu de pétrole purifié, j'ai voulu goûter une nouvelle liqueur. La chartreuse est vieille et démodée comme la prose de Chapelain. Et puis, elle est trop verte. M. Poigné a mis au monde un *Élixir de Vichy* qui animerait une statue de M. Guillaume Bonnet. La fille de marbre en serait quitte pour jeter son auteur (c'est-à-dire son Bonnet), par-dessus les *Moulins*. C'est dans cette dernière ville que l'Elixir a vu le jour. Il mérite de faire son chemin et sera, je n'en doute pas, agréable à ceux qui le rencontreront. Si l'hôte est aussi *cordial* que le voyageur, M. Poigné ne se repentira pas d'avoir fait les frais de la route. L'*Élixir de Vichy* est une excellente chose ; ceux d'ailleurs qui n'en seront pas contents peuvent aller se faire photographier.

..

Voyez-vous cette magnifique exposition photographique devant laquelle une jeune fillette se tient en
faction ? C'est celle de M. Alphonse Bernoud, un
excellent artiste, qui ne se contente pas d'être un
homme de talent, mais aussi un homme de cœur.
C'est bien la plus complète exposition du genre. Vous
y trouverez tout : le portrait-carte, le paysage, la
marine, le grand portrait, et jusqu'à la reproduction
des marbres célèbres. M. Bernoud ne s'est pas borné
à cultiver ces vastes champs. D'abord, il a ressuscité
la charmante carte-myosotis, destinée aux personnes qui s'aiment... et qui veulent récolter. Puis,
il a inauguré le portrait-camée, de toutes les dimensions, et si difficile à réussir quand il atteint la
grandeur naturelle, qui rend toute retouche impossible. M. Bernoud, dont l'imagination est si fertile,
a exposé des portraits imitation médaille, qui sont
très-remarqués. Les professeurs du Conservatoire
ont fait les frais de cette invention, et la sympa-
tique figure du maëstro Mangin est au centre du
tableau. M. Alphonse Bernoud, dont l'importante
maison a des succursales à Livourne, à Florence et
à Naples, a imprimé à la photographie lyonnaise un
vigoureux essor. Personne ne contestera cela, sauf
peut-être quelques bons confrères, qui..... que.....
enfin !

On ne trouve de confrères charitables que dans le clergé. Les prêtres ne se dévorent pas entre eux, et je les en félicite. Un bon vieux curé de campagne, qui est la charité même, a bien voulu me donner une lettre qu'il a écrite à son vicaire, au sujet de l'Exposition. Je la transcris sans y rien changer.

« A M. L'ABBÉ P..., VICAIRE A VERMINY.

« Vous ne vous étonnerez pas, mon cher vicaire, si, à propos de l'Exposition, je ne vous parle pas des machines à coudre et des mitrailleuses. Je veux aujourd'hui vous entretenir de M. Marlie, un vrai français, celui-là, qui met au service du culte son intelligence et son temps. Après avoir contemplé les chefs-d'œuvre qu'il montre à nos regards éblouis, je n'oserai plus, sans être profondément humilié, reparaître dans notre humble église de Verminy. Essayez de vous figurer un lustre superbe où l'on peut étudier l'histoire sainte, tant il y a de figures, d'emblêmes et de souvenirs retracés. Un pareil lustre, mon cher vicaire, doit éclairer jusqu'au cœur des fidèles. Il n'est pas seul : deux autres, garnis de cristaux, rappellent à merveille l'époque artistique de Louis XV. Ils sont placés auprès d'un reliquaire gothique, du XVme siècle, bien digne de contenir la couronne du Sauveur ou les débris sacrés de la vraie croix. J'ai vu le bronze argenté de notre regretté Mgr de Bonald, il est fort ressemblant. Ce qui m'a le plus frappé, c'est la résurrection miraculeuse de la mosaïque de Venise et de Rome, par MM. Fichet et Marlie. Ces deux véritables artistes ont retrouvé le secret de ces merveilleux travaux, et ils veulent appliquer leur découverte à l'ornementation des églises. Hélas! pourquoi faut-il qu'à Verminy les fabriciens soient si pauvres! M. Marlie a exposé encore une croix du xvme siècle, tellement belle que je n'oserais jamais prier à ses pieds, tant je redouterais les distractions. On trouve enfin dans cette Exposition si remarquable, toutes les préoccupations que peut permettre le sentiment pur et élevé des beautés de notre sainte religion.

« Je vous parlerai souvent de tout cela. Assez pour aujourd'hui. Dites à Gertrude de réparer ma vieille soutane pour lundi. Soyez assez obligeant pour remonter la pendule : la bonne femme gâterait le mouvement. Adieu !

« Votre Père spirituel,

« L'abbé C. curé de Verminy. »

Ça n'est pas du Bossuet, mais tout le monde n'est pas un aigle de mots.

Au risque d'*épater* mes lecteurs, je vais les conduire devant la vitrine des pâtes alimentaires.

3

La fabrique lyonnaise est noblement représentée.
MM. Bertrand et Cⁱᵉ, Marge fils, Sivori neveu et
Renaud, Hartaud-Ghyglione, Rivoire et Carret, et
enfin Joseph Brun et Cⁱᵉ se sont réunis sous le même
drapeau, convaincus d'avoir tous servi la même
cause avec le même zèle. Si jamais producteurs
intelligents se sont ligués pour atteindre un noble
but, c'est bien lorsque animés par le désir d'être
utiles et d'inonder le monde de leurs produits, nos
fabricants lyonnais sont venus offrir une obole
plus que modeste à l'œuvre de la civilisation et
du progrès. Ils avaient, dans les mêmes rêves,
aspiré à tomber l'Italie et ses pâtes : c'est déjà fait.
Lyon ne se contente pas de régner par la grâce de
ses soieries et de ses saucissons, cette bonne ville
veut encore le sceptre des pâtes alimentaires : et
elle l'a conquis. Les six usines réunies occupent
600 ouvriers ou ouvrières et fabriquent chaque jour,
22,000 à 25,000 kilogs de pâtes qui se répandent
sur toute la surface du globe, de New-York à Saïgon
et de Londres à Lima. J'ai contemplé tour-à-tour
dans l'Exposition Lyonnaise les macaronis pliés et
en baguettes, les vermicelles, les nouilles, les lasa-
gnettes, les becs-de-plumes (le mien frémit), les
étoiles (la mienne file), les melons, les grandes couronnes, les pastilles, les carnavalesques (ô Venise)
et autres métamorphoses du froment, le tout artiste-
ment disposé par MM. les délégués de la fabrique
lyonnaise.

La maison Joseph Brun et Cie que je viens de nommer a un autre fleuron à « ses grandes couronnes » : elle fait les fleurs artificielles.

On a souvent comparé les fleurs aux femmes. Quel souvenir pour celles-ci !

> La femme sait trop bien ce que la fleur ignore,
> Comment l'on se parjure et comment l'on trahit.

Les fleurs de M. Joseph Brun et Cie ne trompent personne. Leur sourire est franc et leurs couleurs sont pures. Elles ont été groupées avec un sentiment exquis de l'art.

Je remarque d'abord une parure de fleurs d'orangers devant laquelle toutes les fillettes rougissent : puis la fleur des salons qui fait bondir de joie les coquettes marquises. Des fleurs destinées à parer les tables d'un banquet brillent à côté de fleurs d'autel, et l'on se demande quelles sont, de ces deux rivales, les plus orgueilleusement parées. La maison Joseph Brun et Cie compte un nombreux personnel : elle lance dans toutes les directions des brigades de voyageurs et jouit d'une grande notoriété. Elle a exposé des plantes grimpantes d'une merveilleuse vérité. On repasse le lendemain pour voir si elles ont poussé. A droite de la vitrine, s'étalent un superbe hortensia et un rosier mille fois plus beau que celui de Bernardin de St-Pierre. Les artistes qui l'ont créé ont eu soin de confondre, dans une même harmonie, des fleurs épanouies et des boutons naissants : on en cueillerait. Je me suis extasié devant tant de splendeurs et j'ai regretté qu'on n'eût pas mis au-dessus de tant de chefs d'œuvre l'inscription suivante :

O vous, dont le grand cœur aime les belles choses,
Artistes, jusqu'ici daignez porter vos pas,
Car vous y trouverez cent mille fleurs écloses,
Qui, vers la fin du jour, ne se faneront pas.

Je disais que Lyon avait deux fleurons à sa couronne : la soierie et le saucisson. Les tissus ont des milliers de représentants : quant à la vraie charcuterie , elle n'en compte pas de plus digne que M. Chosson. Les produits qu'a exposés cet honorable industriel feraient tressaillir de joie le baron Brisse. Il est difficile en effet de voir quelque chose de plus appétissant que ces énormes saucissons, dont un seul suffirait pour nourrir un peloton. Il faudra même les proposer à l'entretien des troupes , elles n'en seront pas alarmées. Les voyageurs qui veulent emporter de l'Exposition un souvenir pimenté seraient bien maladroits de ne pas s'adresser à M. Chosson. C'est le seul moyen qu'ils aient d'être bien accueillis au retour par leurs respectables épouses.

Jusqu'à ce jour l'arquebuse, providence des blessés,

n'avait pas fait battre les cœurs. On lui trouvait un de ces goûts âcres et fatigants qui n'engendrent pas le désir de consommer. M. Peylaboud et Cie, a compris qu'il fallait garder à ce remède toute son efficacité et lui enlever tous ses désavantages. Il a, pour cela, employé une grande quantité d'herbes aromatiques, toutes plus parfumées et plus saines les unes que les autres. Le résultat est excellent, l'arquebuse n'est plus une drogue, c'est une liqueur. On se prend à rêver des bleus et des noirs, pour avoir le plaisir de recourir au baume de M. Peylaboud et Cie. La même vitrine contient une arquebuse, ou liqueur vulnéraire, moins fournie d'alcool et destinée aux personnes délicates. Enfin, à côté de ces deux *progrès* liquides, brille l'*Indienne*, liqueur digestive dont on ne voudrait pas se passer au dessert.

Fidèle à mon principe de transition un peu brusque, je reviens à la Photographie.

Il n'y a pas longtemps que M. Lumière est à Lyon, il a cependant conquis une place que plus d'un copin envie. C'est le propre des gens de talent, de faire écumer de rage les jaloux. M. Lumière, peut se consoler de tous les regards obliques : il est aujourd'hui un des princes de la Photographie. Les grands portraits qu'il a exposés sont superbes, quant aux petits ils sont mignons et coquets comme un médaillon du temps de Louis XIII. M. Lumière fait poser à merveille : on sent qu'il sait tenir un pinceau. La clientèle lui arrive par caravanes, comme les pélerins de la Mecque. Je lui prédis que ceux qu'il fera le plus poser..., ce sont les rivaux qui l'éreintent. C'est si naturel de mordre les mollets de ceux qui se font une position en un clin d'œil. Je n'ai qu'un mot à dire, en présence de l'exposition de M. Lumière : elle est *épatante de chic*.

Tous les objets d'art ont le privilége d'attirer l'attention, même celle des personnes qui paraissent assez prosaïquement constituées. On s'arrête avec grand plaisir devant l'exposition de M. Geoffroy et Cⁱᵉ, de Gien (Loiret), qui est arrivé à faire, avec un talent exquis, les vieilles faïences en tout genre. Cette maison a obtenu en 1867 d'immenses succès. Elle est aujourd'hui, je ne dirai pas au-dessus de ses affaires, mais encore de ses désirs. Elle ne peut suffire à ses commandes. Les vieux Sèvres, les faïences italiennes, les faïences de Saxe, tous ces chefs-d'œuvre sont merveilleusement imités. On vous fera aussi des Japon, enfin toutes les spécialités de faïences connues. Pour huit francs, vous aurez une douzaine d'assiettes qui paraîtront remonter aux Croisades. Le service complet coûte cent vingt francs. On ignore généralement que les marchands d'antiquités ont souvent recours à la maison Geoffroy et Cⁱᵉ pour alimenter leur commerce de porcelaines historiques : il arrive, par conséquent, que M. Prudhomme, collectionneur enragé, rentre chez lui avec un magnifique plat du seizième siècle qui a quarante-huit heures d'existence.

. . .

Il est bien dommage qu'on ne puisse en même temps reproduire avec la même vérité des parchemins moyen-âge. Tout le monde aurait sa petite généalogie, et Guguste pourrait se payer des ancêtres. En attendant que l'imprimerie en arrive là, M. Berthier et Cie, de Paris, a inventé une admirable petite machine typographique qu'il appelle *la Minerve*. Cette mignonne machine marche au pied, à l'aide d'une pédale ; elle est également disposée pour recevoir la transmission d'un moteur. Elle se fait remarquer par son élégance et par la facilité de son travail. Inutile de dire qu'il ne faut, pour l'installer, qu'un espace très-restreint. M. Molard, imprimeur lyonnais, est le représentant de M. Berthier. Le tirage de la *Minerve* est de mille à l'heure.

. . .

A propos de machines, il ne serait pas trop tôt que je recommand*asse* aux amateurs sérieux la brillante exposition de MM. Buffaud frères, ingénieurs-constructeurs à Lyon. Si jamais producteurs furent couronnés, ce sont bien ces deux honorables industriels, qui ont atteint les hauts sommets de la science de la construction. MM. Buffaud frères ont huit médailles d'or et d'argent. On remarque tout d'abord (je demande pardon au lecteur de lui servir quelques termes techniques), des turbines centrifuges pour la fabrique et raffineries de sucres ; il y en a de deux systèmes, perfectionnés par un pivot annulant les vibrations qui permettent d'abréger le travail d'essorage par une augmentation de vitesse, et munis d'un palier compensateur destiné à maintenir le collet de l'arbre vertical et à compenser graduellement l'usure des coussinets. Je n'insiste pas sur toutes les combinaisons ingénieuses et utiles dont MM. Buffaud frères ont trouvé le secret. Deux machines, sortant de la même maison, méritent aussi d'être signalées. La première, une machine à vapeur à détente variable, a été déjà honorée d'une médaille d'or.

La seconde est une machine à vapeur verticale, pouvant servir à toutes sortes d'applications, et rendant à l'industrie les plus grands services. Je ne me permettrai pas de m'étendre sur un sujet que peuvent seuls traiter des hommes compétents ; mais en visitant l'Exposition, quelqu'étranger que l'on soit à la construction des machines, il est impossible de ne pas constater que MM. Buffaud frères ont opéré des miracles, tant au point de vue de la solidité qu'à celui de la simplification des appareils.

Et maintenant, un éloge bien mérité à celui qui a installé cette magnifique exposition : l'œil des maîtres a dû regarder par là.

Le moment est peut-être venu d'aller déjeuner.

Pour aujourd'hui, ce sera chez M. Gailleton, le Duval lyonnais. M. Gailleton a établi, à l'Exposition, un magnifique établissement de bouillon, semblable à ceux qu'il possède déjà place de Lyon et quai d'Orléans, à l'angle de la rue Constantine.

On est servi par de charmantes bonnes, en gracieux uniforme, qui ont un mérite, rare entre tous, dans le monde des restaurants, c'est de ne pas se hâter lentement. L'avantage du système Gailleton n'est plus à démontrer. On sait le prix de tout ce que l'on va consommer, et l'on n'a pas à redouter, à la fin du dîner, ces fantastiques additions qui arrêtent la digestion des clients.

J'ai trouvé sur une table de marbre, les vers suivants tracés par une main *inspirée* :

PROFESSION DE FOI.

Au vol du hanneton,
Aux murs de Charenton,
Aux bonnets de coton,
Au ragoût de mouton,
Au potage au croûton,
Aux soupers chez Pluton,
Aux grands coups de bâton,
Aux feux de peloton,
Aux appas de carton,
Aux livres de Platon,
Aux vertus de Caton,
Je préfère une bonne,
Gracieuse et mignonne,
De Monsieur Gailleton.

Je suis allé prendre du café à deux pas de là. A Paris, il y a la maison de Molière; à l'Exposition, nous avons la maison de Guignol. Si dans la première on exalte le courage et l'héroïsme, dans la seconde, sous des apparences un peu triviales, on donne beaucoup de leçons de bon sens. Guignol est l'être du cabaret, c'est vrai. Il est loin aussi de poser pour « l'homme du temple; » mais, qu'il soit à jeûn ou en goguette, il est incapable de commettre une mauvaise action. Il assommera au besoin un sergent de ville, mais c'est son seul travers. Pardonnons-le-lui, puisque la police qu'il maltraite si fort est en bois *invulnérable*.

Les visiteurs qui ne tiendront pas à dîner à l'Exposition n'ont pas même besoin de rentrer en ville pour faire un excellent repas.

A deux pas du parc enchanté de la Tête-d'Or, et à gauche de l'Exposition, il existe un coin du paradis dont la plupart des Lyonnais ne se doutent malheureusement pas. Il faut aller à *Auteuil* pour rire, chanter et boire, comme riaient, buvaient et chantaient les étudiants et les grisettes de Paul de Kock. C'est là que les artistes trouveront la tonnelle verdoyante de leurs rêves : c'est là qu'ils se baigueront dans l'ombre la plus poétique qui puisse descendre du haut d'un arbre touffu. Avoir une amie, châtaine, brune ou blonde, la conduire dans ce délicieux cottage, c'est le bonheur; c'est aussi l'oubli des stupidités de ce monde, que de festoyer avec l'ombre de Falstaff ou celle du bon Gargantua, en plein air, et en bénissant le mariage des parfums des plats savoureux avec les suaves émanations de la brise. O vous qui aimez, ô vous qui possédez un oncle qui s'obstine à ne pas mourir, vous, qui avez à fêter l'invraisemblable fidélité ou à oublier l'inconstance naturelle d'une bayadère, venez à *Auteuil*. Allons, les canotiers en démence, les calicots en goguette, les étudiants en partie de plaisir, à *Auteuil*. Vous me remercierez de vous avoir montré le chemin de cette rustique hôtellerie, où l'on mange comme en plein boulevard, où l'on boit comme aux *Deux-Mondes*, où l'on est heureux comme au pays de Cocagne.

Pendant le souper, au milieu des rires argentins de vos compagnons et de vos maîtresses, il vous arrivera d'entendre soudain une voix mélodieuse et pure, comme on n'en entend plus guère au Grand-Théâtre; vous serez charmé de ce concert gratuit mais pas obligatoire, le champagne vous semblera meilleur, vous connaîtrez enfin, non pas l'ivresse malsaine du bleu, mais l'ivresse de l'art, et tout cela sans payer un centime de plus. Quelques-uns prétendent que c'est le propriétaire de cet établissement d'élite qui chante avec tant de goût ; je n'en sais rien, moi, mais j'admire, et ma soif augmente, et mes idées s'illuminent comme un magasin de nouveautés.

Puis, quand la saison des rafales et des neiges reviendra, on trouvera à *Auteuil* des salons où l'on pourra dîner en paix, loin des bruits mondains de la place de la Comédie. J'y ai entendu les joyeux éclats de rire de quelques convives qui, dans le salon réservé aux *noces sincères* et à celles qui ne le sont pas, buvaient le Corton traditionnel. L'un d'eux accompagnait sur un vrai piano une chanson à boire. Avis à ceux qui aiment la musique après les repas.

*

En sortant de là, si le cœur vous en dit, et si vous me faites l'honneur de vous fier à mon goût de cicerone, allez faire une visite à M. Vacher, fermier-général du canotage du lac de la Tête-d'Or, et constructeur de bateaux élégants et coquets comme une Andalouse (1).

Etes-vous nombreux ? prenez une gondole, poussez au large, et vous vous croirez, si vous êtes tant soit peu myope, sur le lac de Constance ou sur celui de Genève. Vous pourrez même chanter, si vous avez de la voix :

---

(1) M. Vacher a exposé un canot qui est un chef-d'œuvre de légèreté et de grâce. Les amateurs de bateaux de luxe sauront désormais à qui s'adresser.

> Vers les rives de France,
> Voguons doucement.

Si vous n'en avez pas, vous êtes libre de prier Luigi Chelli, mon charmant ami, de vous dire le grand air de *Roland* ou celui de *la Juive*. Si vous n'êtes que deux, et je vous le souhaite avec une ardeur que vous ne soupçonnez pas, vous pourrez achever la romance indiquée ci-dessus, et dire que vers des bords verdoyants,

> Un dieu d'amour vous conduit.

Je ne sais pas si je m'adresse à des artistes, mais ce que je sais bien, c'est qu'il n'est pas de spectacle plus doux et plus divin que celui que présente le soir ce beau lac, où les saules pleureurs baignent amoureusement leurs branches.

Et cette ivresse ne coûte qu'un franc l'heure ! Venez dire ensuite, ô calomniateurs de l'espèce humaine, que nous vivons dans un siècle d'argent ! Vous pourrez, par-dessus le marché, côtoyer deux îles : l'île des Lapins, dont ne parle pas Cortambert, et l'île des Cygnes, que ne connaît pas Malte-Brun. En un mot, vous aurez, à deux pas d'une grande ville, toutes les jouissances qu'offre une pittoresque nature à ceux qui sont trop souvent condamnés à fouler l'asphalte des rues de Lyon.

* * *

M. Vacher s'est engagé, envers l'administration

de l'Exposition, à donner des fêtes vénitiennes. Ces fêtes sont fort remarquables, mais je leur préfère encore la solitude du Parc.

Le dimanche, gondoles et canots sont pris à l'assaut.

* *

Le cœur humain a des goûts plus variés encore que la forme des nuages. Si, parmi les soupeurs d'Auteuil, il s'en trouve qui préfèrent la bière au canotage, je leur propose de prendre l'omnibus de Perrache, ou, s'il est trop tard, un fiacre de la place Morand, et d'aller à la brasserie Georges, savourer un nectar que Cambrinus bénit du haut de son ciel.

* *

La brasserie Georges a cela d'original qu'elle est le rendez-vous de toutes les classes. La blouse côtoie la jaquette, et les sardines du caporal coudoient les galons de l'officier supérieur. La bourgeoise n'est pas loin de l'ouvrière, et, de temps en temps, une grande dame s'y fait conduire pour assister à ce spectacle si beau de l'union de toutes les castes de la société. Ici, vous trouvez la table des employés du chemin de fer, là, le coin des étudiants en médecine. A droite, vous rencontrez une vingtaine d'universitaires, et à gauche des magistrats authentiques. Voyez-vous cette table, là-bas? on y joue au piquet avec une ardeur dépourvue de toute âpreté au gain. Le premier des trois joueurs est le prince de la critique lyonnaise; le second a ravi à l'Éternel le secret de la neige, le troisième a commandé les mobiles à Neuf-Brisach. Un bock n'est-il pas meilleur quand on le déguste à côté de tels hommes?

La brasserie Georges est une curiosité de la seconde ville de France. Un étranger doit la visiter : il sera convaincu que l'Allemagne n'a pas même le privilége de la choucroute et le monopole de la canette.

Le propriétaire de cet immense établissement choisit ses bonnes avec un scrupule inconnu partout ailleurs. Ni femmes, ni filles, toutes rosières. Puisque je parle de M. Georges, je serais véritablement injuste si je ne le remerciais publiquement de tout ce qu'il a fait pour les mobilisés du Rhône. Sous le prétexte qu'un membre de la famille appartenait à une légion, tous ses compagnons d'armes étaient reçus à l'écossaise. Pendant la guerre, il leur était impossible de payer leurs dépenses. Les bonnes, je veux dire les rosières répondaient invariablement : c'est réglé!

Jamais le propriétaire de la brasserie Georges n'a refusé de s'associer à une bonne œuvre. Chez lui, la charité est égale au patriotisme. Quand les Suisses sont venus à Lyon, on les a conduits dans cet établissement : ils ont bu comme de braves Suisses, et mangé, comme on mange dans la patrie de Guillaume-Tell; et lorsqu'ils ont demandé l'addition, les bonnes, je veux dire les rosières ont encore répondu : c'est réglé !

* *

Il est impossible de sortir de l'immense salle où se consomment quotidiennement des quantités incommensurables de bière, sans avoir vu Jean Sarrazin, le poète aux olives.

Jean Sarrazin est le véritable ornement de la brasserie Georges. On comprend la mer sans baleines et l'air sans alouettes, mais on ne comprend pas la brasserie Georges sans le poète aux olives.

Etrange personnalité que celle de ce rêveur qui, pour traverser plus aisément les pénibles sentiers de la vie, n'a pu se résoudre à délaisser son éternelle chimère. Il a bien fait. L'épicier qui achète une campagne après avoir surfait le prix de la mélasse, ne vaut pas ce poète, resté fier au milieu des réalités décevantes !

Jean Sarrazin est un artiste qui pour n'avoir pas subi le contact de Paris, contact qui polit peut-être mais n'est pas toujours sain, n'en est pas moins digne d'attention et d'estime. Plus modeste que bien des rimeurs, il n'est pas sorti de sa sphère ; la contemplation de la nature, où son cœur se plaisait, a été son passe-temps et son étude. Fils des montagnes, il nous a rapporté, avec une émotion bien sincère, les parfums des Alpes et les impressions qu'une âme inspirée éprouve en face des chefs-d'œuvre de la création. Enfin, pour consoler les pauvres d'esprit de voir un villageois doublé d'un poète, il leur vend d'excellentes olives.

J'aurais voulu adresser à mon ami Jean Sarrazin quelques vers de ma façon, mais je n'en trouverais jamais d'aussi jolis que ceux-ci, de M. Louis Garel :

> Dans son cœur toujours printanier,
> Trouvant des romances naïves,
> Sarrazin chante l'olivier,
> Dont il nous vendra les olives.

> A l'art, au commerce soumis,
> Il a pris les deux parts égales,
> Récoltant comme les fourmis
> Et chantant comme les cigales.

* *

En quittant la brasserie Georges, les étrangers qui auront sommeil et qui aimeront leurs aises, pourront se faire conduire à l'*Hôtel de l'Europe*. Ils trouveront dans cet établissement tout le confortable possible. L'hôtel est très-bien situé. Il reçoit tous les jours des voyageurs de distinction, et, dernièrement, il avait l'honneur de servir d'asile aux maréchaux de France qui devaient juger l'ex-général Crémer et M. de Serres.

———

Je reprends le chemin de l'Exposition : il est neuf heures.

Je continue de prendre des notes, et je les consigne ici.

4

.·.

Il ne suffit pas d'avoir de l'argent, il faut encore savoir le conserver et le mettre à l'abri des disciples du grand Cartouche. Il n'est pas gai, après avoir passé sa vie à travailler, de voir en une nuit le trésor enlevé, ou les billets de banque, amassés avec tant d'efforts, brûlés comme un simple numéro de *la Patrie*. M. Haffner a songé à garantir l'or et le papier-monnaie contre toutes les tentatives du voleur et contre toutes les ardeurs de l'incendie. Il a, pour cela, trouvé un système de coffres-forts d'une solidité à toute épreuve. Les griffes des malfaiteurs ne prévaudront jamais contre ces meubles; le feu n'en aura jamais raison. A côté des coffres-forts sérieux, dont les maisons de commerce ont besoin, M. Haffner a exposé des coffres-forts de luxe, qui disparaissent complètement sous une enveloppe d'ébène ou d'acajou. On croit avoir devant soi une armoire, une élégante commode, un gracieux bureau; mais que l'on presse un bouton, que l'on tourne une clef, et l'on aperçoit la cuirasse blindée d'un coffre-fort plus inviolable qu'un député. L'exposition de M. Haffner est fort remarquée. Qui n'a pas envie d'avoir un de ces meubles, qui ne désire s'en servir !

.·.

Si nous sortions un peu dans le Parc !

Dans un petit chalet, une jeune dame nous offrira

gracieusement un verre du *sirop d'oranges rouges
de Malte,* de M. Déjardin. Refuser serait peu galant, sans doute, mais ce serait aussi fort maladroit, car on perdrait une bonne occasion de goûter à une boisson exquise. Le sirop en question a conquis le premier rang parmi les sirops d'agréments ; son parfum est d'une ineffable suavité : les anges doivent en boire aux cieux ! Le sirop de M. Déjardin a l'avantage de rafraîchir sans affaiblir, et cette double vertu le destine fatalement à être servi dans les bals et pendant les soirées. Une invention aussi douce a naturellement fait surgir une nuée de contrefacteurs. Réclamer ardemment la signature. Le premier acheteur du produit de M. Déjardin a été..... le général Bourbaki.

*.·.

Après nous être désaltérés, rentrons à l'Exposition.

MM. Laurent et Godard ont exposé les plus beaux registres qu'on puisse rêver, pour y coucher l'actif et le passif. Les teneurs de livres doivent être fiers d'avoir, dans les mains, de semblables journaux. Tous les articles de bureau sont là, plus riches et plus beaux que partout ailleurs. On trouvera des agendas de luxe, des grands livres de toutes dimensions et de tous prix, des serviettes d'avocats et de journalistes, des albums délicieux, enfin tout ce qui peut servir aux hommes de plume et de pensée ;

aux comptables, aux littérateurs, aux dessinateurs et aux poètes.

* *

Puisque je parle de ceux qui écrivent, je dois mentionner immédiatement une encre végétale communicative, pour registres, comptes-courants, et donnant de très-bonnes copies, longtemps après avoir été employée.

M. Cré, qui a exposé cette encre, a trouvé le secret d'une *Eau universelle* qui est appelée à rendre de grands services. Supposons que vous ayez dans votre salle à manger, un de ces meubles anciens, un buffet à torsades par exemple, et que vous vouliez grandir dans l'estime de vos convives en leur montrant cette œuvre d'art dont vous êtes l'heureux propriétaire. Eh bien, il vient un jour où votre meuble revet une couche de poussière et de crasse, passez-moi le mot. Alors, vous ne jouissez pas complètement de votre triomphe. On ne vous admire pas avec autant d'ardeur que si vous montriez une armoire brillante et belle comme une marquise de Louis XV. Voulez-vous un moyen de rendre à votre meuble le verni qui lui manque, et à vos amis l'enthousiasme qu'ils ne vous prodiguent pas? Achetez de l'*Eau universelle*. Elle vous servira à nettoyer, sans peine, tous les meubles anciens ou modernes, pianos, boules, laques, caves à liqueurs, boîtes à gants, etc., — tous les métaux et toutes les boiseries. Il ne suffit pas d'avoir un beau mobilier, il faut encore l'entretenir : l'*Eau universelle* s'en charge.

*
* *

Sans crainte du *pressoir*, le pampre tout l'été
Boit les doux présents de l'aurore !

André Chénier voulait parler certainement du pressoir de MM. E. Mabille frères, constructeurs-mécaniciens - hydrauliciens à Amboise (Indre-et-Loire). Ce nouveau système de pressoir est à levier multiple : il est capable de donner une puisssance de 30,000 jusqu'à 300,000 kil. Il est donc complètement inutile de se mettre dessous pour hâter sa digestion. MM. Mabille frères sont les gens les plus médaillés de ce bas monde. Ils ne comptent plus les récompenses, depuis qu'ils ont obtenu 104 médailles tant en or qu'en argent. Leur pressoir a l'immense avantage de ne posséder aucun mécanisme, ce qui lui évite des frottements considérables. L'ingénieuse combinaison du levier multiple lui donne une puissance supérieure à tous les systèmes connus jusqu'à ce jour. Il faut un ou deux hommes pour le faire fonctionner, et 80 centimètres d'espace suffisent au mouvement du levier. Le prix du pressoir, pour 2, 5, 8, 16, 24, 32, 40 hectolitres, est de 135, 220, 340, 450, 570, 750, 950 francs. MM. Mabille frères ont trouvé aussi un système de pressoir à engrenage perfectionné qui rend impossibles les accidents, si fréquents dans les pressoirs à engrenages. On trouvera chez ces constructeurs des presses à huile, des moulins à pommes, des fouloirs à vendanges, des pressoirs à lanterne, etc. et même une spécialité de grues sur chariot.

Qui d'entre vous, lecteurs, n'a entendu parler des grues de Mabille ?

Enfin, tous les viticulteurs, agronomes et autres ruraux, sauront qu'ils n'ont qu'une chose à faire : aller.... à Mabille..... Tant pis si leurs femmes les grondent.

. .

Comme l'agriculture et la viticulture et autres substantifs en *ure* ne font pas mon bonheur, je re-passe dans la galerie photographique. Il n'y a pas loin : deux petits kilomètres.

. .

M. Alphonse Bernoud, déjà nommé, nous a rendu, avec une vérité saisissante, les fameux marbres de Dupré. C'est lui encore qui est l'inventeur des por-traits imitation médaille, dont j'ai déjà parlé. Cette innovation est très-heureuse ; elle a un cachet artis-tique que les amateurs remarqueront sûrement. M. Alphonse Bernoud est un infatigable chercheur ; il ne vise pas seulement à se faire une clientèle, la sienne est faite depuis longtemps, mais à *trouver* du nouveau. Ce sont des aspirations pareilles qui constituent l'artiste et ne tardent pas à l'élever au dessus des rivaux qui ne comprennent pas qu'il faut, avant tout, être original.

Dans mon second volume des *Promenades à l'Exposition,* je parlerai des autres photographes qui se sont distingués par la pureté de leurs épreuves et le fini de leur travail. Je me plais à constater tout d'abord que le nombre des artistes qui sont sortis de l'ornière est véritablement respectable.

Les expositions précédentes, en excitant l'émulation, ont partout porté des fruits.

. .

A propos de fruits, je ne saurais oublier la maison Wattebled que j'ai mentionnée plus haut. Les primeurs qu'elle fournit aux plus aristocratiques palais sont d'une qualité toujours choisie avec le plus grand soin. Elle sert, en même temps, des repas complets que l'on peut offrir aux plus difficiles sans encourir aucun reproche. La maison Wattebled est enfin une de ces maisons de premier ordre qu'il faut recommander au public, sous peine de manquer complètement de goût.

. .

Je reviens aux galeries. L'exposition qui attire la première mon attention est celle de MM. Boch frères et Cie, à Louvroil, près Maubeuge (Nord). Ces industriels ont une manufacture de *carrelage céramique* dont ils nous ont envoyé les très-remarquables produits.

Sur ce sujet, comme sur beaucoup d'autres, je me défie de ma compétence. Aussi, pour donner une idée bien exacte à mes lecteurs des progrès que MM. Boch frères ont fait faire à leur industrie, je citerai un rapport sur le *carrelage céramique* émanant de M. Clausse, rapporteur, et de MM. Flament, Langlais et Rougevin, membres de la commission, adressé à la Société centrale des architectes de Paris. Ce rapport est conçu en ces termes :

« Messieurs,

« Les carreaux de MM. Boch présentés à la Société des architectes, nous ont paru se recommander d'une façon toute spéciale par diverses qualités que nous allons examiner.

« 1° Leur fabrication et leur composition.

« Ils sont soit carrés, soit hexagone. Le carré a $0^m,17$ de côté, quelquefois $0^m,173$. Cette différence provient du retrait de la terre à la cuisson, mais le fabricant, pour un même carrelage, ne livre que des carreaux absolument semblables de mesure.

« Ils ont une épaisseur de $0^m,02$ divisée en deux parties ; l'une d'un ton incolore gris jaunâtre sur laquelle s'applique l'autre, c'est-à-dire les différentes couches juxtaposées de terres colorées. A la cuisson ces deux parties forment un tout parfaitement homogène.

« Les terres prennent leur coloris en conservant les

formes suivant lesquelles elles ont été préparées, de sorte que le carreau retiré du four présente un dessin tout à fait régulier.

« La composition céramique employée à la confection de ces carreaux devient au feu d'une dureté remarquable ; ainsi, frappez, en l'inclinant un peu, un de ces carreaux avec un instrument d'acier, il fera feu sans qu'il s'en détache aucun éclat et sans que la couleur soit altérée. Il résiste donc parfaitement au frottement du fer, ce qui est une excellente condition pour un carrelage. Mais il casse quelquefois sous l'influence d'un choc vertical, ce qui tient à ce que la matière en elle-même n'a pas une très-forte cohésion.

« Aucun agent chimique n'altère ces carreaux ; aussi pour les nettoyer, on les frotte d'acide chlorhydrique étendu d'eau.

« 2° La mise en œuvre.

« Tous les ouvriers peuvent poser ce carrelage ; il faut seulement prendre les mêmes précautions et suivre les mêmes règles que pour poser des carreaux rouges de Bourgogne ou de marbre. Ils peuvent être posés sur bain de ciment, ce qui est la meilleure manière de les employer, sur mortier et même sur plâtre.

« 3° Leur emploi et prix de revient.

« Le fabricant destine ce carrelage à remplacer le dallage en liais et en marbre. Notre avis est que dans bien des cas, les plus nombreux dans la pratique et surtout dans la construction des maisons et habitations particulières, soit à la ville, soit à la campagne, dans les aménagements de boutique, vestibules d'escalier, etc., leur emploi doit fixer l'attention des architectes. Et nous pensons que dans les édifices publics, où toutes les fois que l'architecte ne sera pas arrêté par une question d'économie, il trouvera dans leur emploi plus de durée, plus de richesse, et un coloris plus éclatant que dans le marbre de couleur.

« Les prix du carrelage que nous examinons ici varient entre 10 fr. et 26 fr. 70 le mètre superficiel, non-compris la pose et l'aire au-dessous du carrelage. Ce dernier prix est celui des rosaces les plus compliquées.

« On a réuni dans un album une grande quantité de dessins que l'on peut obtenir au moyen de ces carreaux. Ils nous ont paru généralement heureusement composés. Ils sont entourés de bordures que l'on peut obtenir au moyen de carreaux spéciaux préparés à cet effet. MM. Boch exécutent tous les dessins que peuvent leur fournir les architectes, et toutes les couleurs possibles sont obtenues par leurs procédés. Quand il reste auprès des murs d'une pièce à carreler un espace moindre que la grandeur d'un carreau entier, on opère le raccordement au moyen de demi-carreaux moulés ou de bandes de liais, si le demi-carreau ne remplit pas le but. Il est à regretter que ce mode de dallage ne puisse s'employer dans les parties circulaires ou curvilignes, cela en restreint l'emploi dans certains cas.

« Ce carrelage s'emploie aussi bien à l'extérieur qu'à l'intérieur. Il subit sans inconvénient les effets de la pluie et de la gelée la plus intense. A l'extérieur, l'aire sur laquelle on le place doit être faite en briques bien cuites recouvertes d'une couche de ciment hydraulique. MM. Boch fabriquent aussi des carreaux vernis pour revêtement de murs.

« Ils ont été employés à cet usage dans les frises extérieures des bâtiments et maisons de garde, au parc des Buttes-Chaumont. Ils ont été employés à l'état de dallage ordinaire dans les chapelles latérales de l'église de la Trinité, ainsi que dans la cour intérieure du palais de l'école des Beaux-Arts et dans d'autres nombreux édifices.

« D'après cet exposé, et sous réserve des observations énoncées ci-dessus, nous pouvons conclure que le carrelage céramique est un produit dont l'emploi peut être recommandé à cause de sa durée, de sa solidité, de sa mise en œuvre facile, et surtout par ce motif que les architectes y trouveront un moyen simple et peu dispendieux d'égayer par des colorations variées, l'extérieur aussi bien que l'intérieur de leurs constructions.

« *Le rapporteur*, CLAUSSE.

« Adopté en assemblée générale le 21 juin 1868.

« *Le Président, membre de l'Institut*, H. LEFUEL.

« *Le secrétaire principal*, A. HERMANT »

.˙.

M. Barre, architecte à la société libre d'émulation, du commerce et de l'industrie de la Seine-Infé-
rieure, et chargé par le président de cette société de
lui présenter un rapport sur les produits céramiques
de MM. Boch frères, appelle sur ces produits l'attention de tous ceux qui savent apprécier à leur juste
valeur les progrès obtenus dans les arts industriels.
Enfin la commission des *Procédés nouveaux et des
matériaux indigènes,* secrétaire M. A. Stevart, et
rapporteurs MM. Marcq et Carez, affirme qu'une
expérience prolongée atteste que les qualités des
carreaux céramiques se maintiennent dans des conditions très-diverses. Ces hommes spéciaux n'hési-
tent pas à conclure qu'il y a lieu d'autoriser l'emploi
de ces produits dans les travaux de l'Etat, tant à
l'intérieur qu'à l'extérieur. Par leur grande dureté, les carreaux céramiques seront économiques
partout où il y a une circulation active.

.˙.

Les carreaux céramiques de MM. Boch frères se
prêtent, soit par leur forme, soit par leur genre, à
toutes sortes de combinaisons artistiques. On peut
les appeler les rois du pavé.

.˙.

Je rêve une salle à manger carrelée de la sorte.
J'y dégusterais volontiers le *consommé Julien,* qui

a été une des conséquences les plus logiques de la vulgarisation de l'extrait de viande. Un obstacle s'opposait cependant à l'emploi de cet extrait : il résidait dans la nécessité où se trouvaient les consommateurs, de préparer à l'avance un bouillon de légumes, qu'il fallait ensuite additionner de graisse ou de beurre, et enfin d'extrait de viande, en quantité indiquée d'une manière très-approximative.

Cet obstacle vient d'être levé par MM. JULIEN DESNOIX et Cie, qui, par un procédé qui leur est particulier, ont réuni, sous un petit volume, tous les éléments d'un excellent bouillon, à doses convenables et toujours les mêmes.

Chacune des boules, renfermées dans une boite, contient en effet l'extrait de 125 grammes (1/4 de livre) de viande de bœuf, la graisse, la partie soluble et odorante des légumes et enfin la gelée, qui constituent 200 grammes de bouillon de nos ménages.

C'est donc avec raison que MM. JULIEN DESNOIX et Cie appellent leur nouvelle composition *bouillon complet à la minute;* car il suffit d'avoir à sa disposition de l'eau bouillante pour préparer presque instantanément un excellent potage.

Ce nouveau produit sera particulièrement apprécié :

1° Des malades et des convalescents; 2° des personnes qui, par leurs occupations journalières, mettent un long intervalle entre leurs deux principaux repas; 3° des voyageurs, qui trouveront dans l'emploi de notre composition un aliment tout prêt, bien supérieur à celui qu'on est habitué de trouver dans ces circonstances ; 4° des ménagères, qui, à la campagne comme à la ville, auront toujours à leur disposition un consommé parfait qui se prêtera à tous les usages culinaires du bouillon, et aura une application journalière pour la confection des sauces, l'assaisonnement des légumes et des ragoûts.

MM. JULIEN DESNOIX et Cⁱᵉ n'emploient dans la confection de leur consommé que les meilleurs extraits de viande, *analysés et contrôlés spécialement pour eux* par les chimistes les plus compétents.

Voici le mode d'emploi :

Pour préparer avec une de ces boules un bol de bouillon de la contenance de 1/5ᵉ *de litre environ*, il suffit de la mettre, après l'avoir incisée, dans cette quantité d'eau bouillante, et de remuer jusqu'à dissolution complète.

Pour préparer un potage, soit au pain, soit aux pâtes (tapioca, vermicelle, etc.), il convient de faire cuire celles-ci avec l'eau, et d'ajouter, quelques instants avant de servir, une boule par chaque personne.

Chaque boîte est accompagnée d'une provision de sel renfermé dans un étui dont le couvercle sert à mesurer la quantité nécessaire pour un bol de bouillon.

Le prix de la boîte de dix potages est de 1 fr. 60.

Mes lecteurs voudront bien ne pas trop s'apercevoir que je me suis étendu avec une certaine complaisance sur un nouveau bouillon. Que voulez-vous! il vaut mieux avoir recours à cette boisson des personnes saines qu'à l'*Hématosine* de MM. Tabourin et Lemaire. Le premier est professeur et le second chimiste. Ils ont collaboré pour trouver un médicament héroïque contre l'anémie, la chlorose, le rachitisme, les maladies des femmes, la faiblesse des hommes, enfin contre l'appauvrissement du sang, quelle que soit la cause qui le produit.

La cause occasionnelle de ces maladies étant démontrée, il était rationnel de chercher parmi les médicaments ceux qui devaient le plus promptement la faire disparaître et rétablir l'équilibre rompu.

De nombreuses médications, tendant invariablement au même but, rendre au sang la proportion de fer qu'il a perdue, ont été proposées. La médication ferrugineuse est de toutes, et cela devait être, celle qui a donné les plus heureux résultats. La médecine en a obtenu des avantages précieux et incontestables; mais à côté de ces avantages se présentent souvent de très-sérieux inconvénients qui rendent ce traitement impossible à suivre pendant la durée nécessaire à la manifestation de son efficacité.

Beaucoup de malades, soumis à l'action des ferrugineux, ne tardent pas, en effet, à éprouver certains désordres dans les fonctions de l'estomac, qui les obligent à cesser tout à fait l'emploi de ce médicament.

Préoccupés de ces dangers, les thérapeutistes ont cherché de tout temps une préparation ferrugineuse qui, réunissant toutes les propriétés bienfaisantes du fer, ne présentât aucun de ces inconvénients.

Il est résulté de ces recherches une foule de compositions, parmi lesquelles beaucoup sont sans action; d'autres possèdent une activité et une efficacité incontestables; mais aucune ne répond parfaitement à toutes les indications du diagnostic.

Il restait donc à découvrir un ferrugineux normal qui, exempt des dangers signalés, possédât toutes les qualités curatives recherchées.

Quoi de plus logique et de plus rationnel que de demander ce médicament à la nature elle-même?

Les travaux des plus grands chimistes modernes ont déterminé exactement la composition du sang des différentes classes d'animaux; mais c'est surtout le sang des mammifères qui a plus particulièrement attiré leur attention.

Ces savants ont démontré à l'aide des puissants moyens d'investigation dont dispose la science aujourd'hui, que le sang à l'état vivant se compose de deux parties distinctes: l'une liquide, l'autre solide; la partie solide, la seule qui nous intéresse dans ce travail, se compose d'une multitude de corpuscules microscopiques qui se meuvent dans la partie liquide avec une grande rapidité et semblent entraînés dans le torrent circulatoire, comme des grains de sable dans un cours d'eau. Ce sont ces corpuscules qui sont appelés globules sanguins, globules hématiques, globules rouges. C'est à leur présence en quantité suffisante que le sang doit toute sa richesse et toutes ses propriétés vivifiantes.

En poursuivant leurs travaux, les physiologistes ont vu que les globules sont en grande partie composés d'une matière albuminoïde contenant du fer, et ils lui ont donné le nom d'*Hématosine* (matière colorante du sang).

C'est en dirigeant leurs recherches d'après cet ordre d'idées, que MM. Tabourin et Lemaire ont été conduits à emprunter au sang des animaux de boucherie, et, en particulier, au sang de bœuf, cette matière essentielle, et qu'ils sont arrivés, par un procédé tout nouveau et fort ingénieux, à obtenir l'Hématosine à l'état pur et à lui conserver toutes ses propriétés physiologiques.

Grâce à ces savants, la thérapeutique possède aujourd'hui ce ferrugineux normal, physiologique, assimilable, depuis si longtemps cherché, et la médecine un agent puissant de guérison sur lequel elle peut absolument compter.

Je ne quitterai pas la galerie des chimistes et des médecins sans parler de l'*Ergotine* de M. Joseph Bonjean, pharmacien à Chambéry :

Séparée du poison avec lequel elle est unie dans l'Ergot de seigle, l'ERGOTINE est un puissant remède contre les hémorragies *internes* et *externes*, tels que *vomissements* et *crachements de sang*, *saignements de nez rebelles, dyssenteries* (flux de sang), *hémorragies utérines, blessures des veines et des artères*, etc. ; elle facilite toujours le travail de l'accouchement, combat les hémorragies qui en sont quelquefois la suite, et facilite la cicatrisation des plaies, surtout par armes à feu. Comme elle ralentit la circulation du sang, elle constitue un moyen des plus sûrs de combattre la phthisie pulmonaire et d'en arrêter la marche.

En 1840, la Société de pharmacie de Paris a décerné une médaille d'or à l'auteur de cette découverte, que cinq nations ont décoré ensuite.

L'ERGOTINE s'emploie à l'*intérieur* sous forme de dragées, et à l'*extérieur*, en solution dans l'eau, d'après les formules publiées par l'auteur.

M. Joseph Bonjean est un chercheur. Il est arrivé à tous les honneurs qui peuvent récompenser un savant. C'est, en un mot, un pharmacien illustre dont la ville de Chambéry a le droit de se glorifier. Il a trouvé, outre l'*Ergotine*, un *Elixir de santé* destiné à mettre un terme aux dérangements dans les voies digestives. Cet Elixir est très-apprécié et témoigne, chez son auteur, de grandes connaissances médicales.

Après m'être arrêté, avec une constance que je ne me connaissais pas, dans la salle réservée aux produits chimiques, ce n'est pas sans satisfaction que j'ai esquissé une série de carambolages sur le charmant petit billard qu'a exposé M. Hyacinthe. Les bandes rendent avec prodigalité tous les effets qu'on leur confie. Il faut être bien maladroit pour ne pas bien jouer d'un pareil instrument. M. Hyacinthe a exposé un billard de luxe dont le bois est orné de sculptures étrusques. Il a aussi soumis aux visiteurs une collection de queues de tous genres et d'articles de billards exécutés avec le plus grand soin.

On ne saurait parler de carambolages sans penser à Berger, le roi de la série. Le *Café du XIXᵉ Siècle*, qui sert de palais à ce potentat du *retro*, est aussi curieux à visiter qu'une galerie de l'Exposition. D'abord, on y boira une bière délicieuse, puis on jouera sur d'excellents petits billards, et enfin on aura l'honneur d'assister à la partie du maître. Moi qui suis habitué à ce spectacle, je m'amuse énormément en contemplant les bons villageois qui suivent des yeux la bille enchantée de Berger. Ils se regardent entre eux, et on l'air de se dire : Hein, il n'y en a pas à Crépieux !

Si je fais des digressions, je n'en finirai pas.

Mais quelle est cette harmonie qui me plonge dans une extase mystique ?

Je m'approche de la salle des pianos, où j'avais juré de ne pas remettre les pieds, et je vois un jeune prêtre qui tire d'un harmonium, de MM. Couty et Richard, des accords enchanteurs. Je ne m'étais jamais enthousiasmé en entendant ces instruments d'église qui me semblent imiter un peu trop le bruit du vent qui s'engouffre dans les vieilles mazures à travers les portes mal jointes. Mais, certes, je n'aurais jamais eu de la répulsion pour l'harmonium si j'avais entendu celui de MM. Couty et Richard. L'ensemble des sons rappelle les harmonies des grandes orgues des cathédrales. On se croirait dans ces vieilles métropoles aux vitreaux flamboyants, et l'âme s'élève sur les ailes de la prière et monte aux cieux comme un encens pur.

J'ai remarqué parmi les effets différents que l'on peut tirer de cet harmonium si remarquable, une ravissante imitation de harpe éolienne ; on est transporté tout à coup à une époque poétique par excellence, et l'on éprouve enfin des jouissances inconnues jusqu'à ce jour.

Cet instrument divin devait me procurer toutes les surprises. A l'aide d'une genouillère expressive, on peut rendre toutes les nuances de la voix humaine.

Tirez un piston et vous jouez un air de musette qui fait rêver des prairies où l'on folâtre à l'heure du soleil couchant.

Le représentant de MM. Couty et Richard, à Lyon, est M. Deschaud, un de nos plus brillants éditeurs de musique. M. Deschaud représente aussi le fameux Rieter-Biedermann, de Winterthur, près Zurich.

. .

Rieter-Biedermann a exposé des éditions des maîtres qui sont de véritables chefs-d'œuvre. Il a apporté, dans l'accomplissement de la tâche qu'il s'est proposée, un goût de bibliophile de premier ordre. Les *Suites* de Bach, les *Symphonies* de Berlioz, sont imprimées avec une richesse inouïe. Mais la perle de toutes ces splendeurs est encore le *Fidelio* de Beethoven, qui contient des gravures délicieuses et des dessins admirables de Merz et de Schwind. Je n'ai rien vu de plus beau que ce livre, où toutes les merveilles de la typographie sont étalées. Le texte de *Fidelio*, en français et en allemand, est imprimé avec un luxe de caractères qui défie Perrin lui-même.

L'exposition de M. Rieter-Biedermann est tout simplement splendide. Je ne sais si c'est parce qu'ils craignaient un tel rival que nos éditeurs parisiens se sont abstenus, mais je puis affirmer qu'il n'existe pas une œuvre éditée avec autant de magnificence que le *Fidelio* de Beethoven.

Quand on parle musique, les poètes ne sont pas loin. Jean Sarrazin est aussi venu voir l'Exposition; la preuve, c'est qu'il me frappe sur l'épaule. Après les premiers compliments d'usage, il m'offre une poésie dont quelques strophes ont ici leur place, puisqu'elles sont destinées à chanter l'œuvre qui a motivé ce livre.

Jean Sarrazin débute ainsi :

> Lyon, vieille cité, qu'on vit au premier rang,
> Quand il fallut de l'or, quand il fallut du sang,
>   Pour une cause généreuse;
> Qu'on vit vers le progrès, prendre un rapide essor,
> Qu'on vit toujours sortir des mains du mauvais sort,
>   Résignée ou victorieuse.
>
> Toi, dont le noble sein a su donner le jour
> Aux héros du génie, aux héros de l'amour,
>   A ceux mourant pour la Patrie :
> Même qui sus fournir à Rome des Césars,
> Et qui sus éblouir l'Univers par tes arts,
>   Et ton immortelle industrie.

Puis parlant du progrès, le poète continue :

> Cet astre qu'on croyait du ciel Franc éclipsé,
> Un nuage, un instant, aux yeux l'ayant voilé,
>   Paraît dans sa splendeur première;
> Et c'est à toi, Lyon, l'ayant su mériter,
> Qu'appartient et le droit et l'honneur de montrer
>   Aux regards sa vive lumière.

Il a pour nom génie, et ses rayons nombreux
Éclairent chaque jour quelque ciel ténébreux,
    Et font germer travail, bien-être.
Dans le vaste palais que ta main a construit,
De ses nobles bienfaits il apporte le fruit,
    Afin qu'on puisse le connaître.

Ce palais, ô Lyon, ta gloire et ton orgueil ;
Ce palais, prodiguant des merveilles à l'œil,
    Est moins fier de ce noble rôle,
Que d'être du travail et de la liberté,
De la paix, et surtout de la fraternité,
    L'éphémère, mais le vrai pôle.

M. Mangin, le chef d'orchestre du Grand-Théâtre, me fit un jour l'honneur de me demander une *cantate* de l'Exposition. Mes vers devaient être chantés par je ne sais combien d'orphéons, le jour de la distribution des prix. M. Mangin a fait fausse route : c'est à Jean Sarrazin qu'il devait s'adresser. Par les quelques fragments que je viens de citer, on verra que le poète aux olives a tout ce qu'il faut pour chanter le travail, la civilisation, et enfin Lyon, cette ville hospitalière, où il n'a pas tardé à se faire une véritable renommée.

Jean Sarrazin me propose de l'accompagner sur l'ascenseur. Pourquoi pas ? lui répondis-je, la devise des rimeurs n'est-elle pas : *excelsior ?*

M. Édoux a installé au bout de la galerie des

machines un ascenseur qui est devenu, en peu de temps, la principale attraction de l'Exposition.

Je ferai grâce à mes honorés lecteurs d'une description scientifique : s'ils me la demandaient, ils m'embarrasseraient fort.

Ce que j'ai compris, grâce à quelques explications de mon poétique compagnon, c'est que l'ascenseur est destiné à *tomber* les escaliers.

En effet, dans nos grandes villes, depuis que tout l'espace est pris et depuis que le mètre cube est si cher, il faut absolument que les maisons gagnent en hauteur ce qu'elles perdent en largeur. De là, six et sept étages. Il n'est pas gai de passer la moitié de sa vie à monter et l'autre moitié à descendre des escaliers. Ce n'est pas là précisément le bonheur que nous avons rêvé.

Et bien, avec l'ascenseur de M. Édoux, plus de fatigues, plus de temps perdu.

Les grandes maisons et les hôtels seront bientôt pourvus d'ascenseurs. Cet appareil sera une véritable providence pour les locataires et les voyageurs.

L'ascenseur doit rendre de grands services dans les hôpitaux. Aussi les principaux établissements de France en ont fait établir plusieurs.

Les manufactures et les usines ne peuvent s'en passer : un ascenseur est une véritable économie, le prix de la main-d'œuvre étant donné. Bientôt, M. Édoux ne pourra suffire à toutes les demandes d'installation qui lui seront faites : ce qui prouve

que lorsqu'une idée est bonne, elle fait vite le tour
du monde.

C'est ce qu'il ne fallait pas démontrer.

Il est question d'établir un ascenseur à l'hôtel
Collet.

L'hôtel Collet, situé dans le plus beau quartier de
la ville de Lyon, était il y a cinq ans un hôtel de second ordre. L'intelligence de son propriétaire l'éleva
au premier rang, par un coup de baguette magique.
Il confia les travaux à un jeune architecte, M. Jules
Chatron, qui s'était déjà fait remarquer par des
constructions pleines d'élégance et d'harmonie. L'artiste tira le meilleur parti de l'ancien hôtel. Il éclaira
des parties du bâtiment où la lumière n'avait jamais
pénétré, et, en décorant la cour, il sut en faire le
séjour le plus délicieux pour les étrangers.

L'hôtel Collet est le plus beau de Lyon. Grâce à
l'affabilité du propriétaire, qui a compris que les
voyageurs devaient trouver chez lui tout le confortable désiré, presque tous les étrangers de distinction s'arrêtent dans cet hôtel et lui font ensuite au
dehors une réputation bien justifiée.

Il n'y a pas longtemps, don Pedro, empereur du
Brésil, et l'impératrice sont passés à Lyon : c'est
naturellement à l'hôtel Collet que Leurs Majestés se
sont arrêtées. Si je voulais citer ici le nombre de

princes et de personnages historiques qui ont leurs noms sur les registres de l'hôtel Collet, je n'en finirais pas. Dernièrement encore, un prince s'y est arrêté. Je n'ai pas besoin de le nommer, les journaux de Lyon m'en dispensent.

M. Jules Chatron, qui a su faire de l'hôtel Collet une véritable merveille, est l'architecte en chef de l'Exposition de Lyon.

Élève de M. Henri Labrouste, M. Jules Chatron est l'auteur d'une série de maisons situées dans la rue de l'Hôtel-de-Ville, et qui se distinguent par une riche et élégante ornementation. M. Jules Chatron fut chargé, par les Exposants lyonnais, de la décoration de la salle des soieries au Havre. Une médaille d'argent lui fut décernée par le jury. Plus tard, il fut délégué comme architecte chargé de la décoration de l'Exposition française, à Rome. Depuis, il a été, avec M. Arthur Jame, l'un des promoteurs de notre Exposition, et l'architecte qui a édifié le palais au Parc de la Tête-d'Or. Il a eu à surmonter de grandes difficultés pour enlever au plan la monotonie qui résultait du terrain concédé pour la construction du palais. Il a du ménager les perspectives, afin de faire produire un grand effet à la partie centrale. Il est regrettable, pour l'amour-propre de l'artiste, que le plan n'ait pas été exécuté tel qu'il avait été conçu, mais néanmoins l'effet est grandiose.

Il est probable, et je le souhaite ardemment, que M. Jules Chatron recevra une récompense digne du talent qu'il a déployé dans une œuvre aussi impor‐ tante que le palais de l'Exposition.

* *

Dans la galerie des tissus, l'exposition de M. J. Da‐ boneau est certainement une des plus importantes ; je ne puis me dispenser de donner quelques détails sur des produits aussi remarquables par leur nombre que par leur qualité.

M. J. Daboneau n'est pas le premier industriel venu. Propriétaire des immenses magasins de la *Ville de Lyon*, il a apporté dans la seconde ville de France, le *faire* intelligent et large de la capitale. Il a imprimé à ses affaires un vigoureux essor, et, en peu de temps, il est devenu un des commerçants les plus influents de la cité. Pour se faire si tôt une excellente place, il fallait nécessairement laisser de côté les sentiers battus et la routine, et ce n'était qu'au prix de grands efforts et de grands sacrifices que le but devait être atteint et les difficultés vaincues.

Quand j'ai vu l'exposition si complète de M. J. Da‐ boneau, je me suis promis d'étudier, avec le soin qu'elle mérite, une maison qui n'a pas de rivale en France, au double point de vue du bon marché et du local.

La Ville de Lyon possède la collection la plus

complète de soieries que l'on puisse désirer. On peut
en acheter depuis 2 fr. 95 jusqu'à 50 francs le mètre.
Ces étoffes, d'une beauté et d'une richesse incompa-
rables, portent le cachet des meilleures maisons de
Lyon : de J.-B. Bonnet, Tapissier, etc.

Une collection qui n'est ni moins remarquable ni
moins complète, c'est celle des châles, châles français et châles des Indes.

Les dentelles ont aussi leur rayon ; on en trouve
à vil prix, et l'on peut en acheter, si l'on veut, pour
les plus grandes dames.

Les femmes, quel que soit leur rang, n'ont qu'à
visiter les magasins de *la Ville de Lyon*, et elles
verront passer sous leurs yeux éblouis tous les coli-
fichets qu'elles aiment tant, et aussi tous les
différents objets, et ils sont nombreux, qui com-
posent leur toilette.

M. J. Daboneau est la Providence de l'ouvrière,
à qui il offre, à des prix surprenants de bon marché,
les modestes étoffes et les humbles vêtements dont
se contentent les pauvres gens. D'un autre côté, une
marquise peut descendre de son équipage, et, quel
que soit le scrupule de son choix et la délicatesse de
son goût, elle trouvera tout ce qu'il faut pour la parer
et l'embellir.

Les familles à la recherche d'un trousseau n'ont
plus besoin de courir, de magasin en magasin,
chercher, ici, les bas et les tricots, là, la lingerie, et
ailleurs, les étoffes. *La Ville de Lyon* peut leur

fournir tout ce qu'elles désireront. Quant aux fiancées, elles ne trouveront nulle part une corbeille de mariage plus élégante et plus soignée.

On ne peut traverser la rue de Lyon sans apercevoir une longue file de voitures. C'est que, grâce à leur réputation bien établie, les Magasins de la *Ville de Lyon* sont le rendez-vous de toutes les personnes qui comprennent leurs intérêts.

En effet, les clients qui iraient n'importe où, ne jouiraient certainement pas des avantages que seul, M. J. Daboneau peut faire.

A Paris, par exemple, la question du loyer est la plus importante qu'un commerçant soit d'abord obligé de résoudre. M. Daboneau, propriétaire des *Magasins de la Ville de Lyon*, n'a pas à craindre les perpétuelles menaces d'un terme exagéré. En second lieu, l'étendue de ses affaires le force *à faire grand*, c'est-à-dire à acheter d'un seul coup de quoi fournir plusieurs maisons de nouveautés pendant de longues années. Il supprime ainsi l'intermédiaire, ce vampire qui exploite, en même temps, le travail et le capital.

Il n'est pas difficile, après ces quelques explications, de comprendre que M. J. Daboneau se trouve dans des conditions exceptionnelles pour éloigner de son commerce toutes les mesquineries dont le public est victime, partout ailleurs.

L'intermédiaire n'existant plus, c'est tout simplement vingt pour cent de gagné. Calculez sur plusieurs millions d'affaires et vous obtiendrez un chiffre véritablement considérable et dont le client bénéficie.

Maintenant que j'ai donné sur les magasins de *la Ville de Lyon* quelques détails, pouvant édifier le public sur leur importance, je n'ai pas besoin d'expliquer pourquoi M. J. Daboneau a été nommé, par tous les suffrages, président du Conseil d'administration de l'Exposition. Il était inévitablement désigné pour ce titre si honorable, et nul plus que lui ne pouvait en supporter les charges.

Je l'ai dit au commencement de cet ouvrage, l'Exposition de Lyon a connu tous les déboires. Ceux qui devaient la patroner lui ont suscité des embarras. Il fallait donc un vrai courage pour entreprendre une lutte avec des conditions si défavorables. M. Daboneau était habitué aux difficultés. Il s'est dit qu'avec de la persévérance et de l'énergie on arrive à bout de tout, quand le but est noble, et il peut se vanter aujourd'hui d'avoir apporté un concours puissant et fécond. Il ne s'est pas demandé si, pour une entreprise douteuse, il négligeait ses intérêts. Ces préoccupations égoïstes ne troublaient pas cette nature d'élite, qui n'a pas même envisagé les désastreuses conséquences d'un insuccès.

M. Daboneau a bien mérité de sa ville d'adoption.

Les hommes dont le patriotisme se manifeste avec tant d'éclat, sont si rares, que je ne puis résister au plaisir d'en saluer un.

A MADAME DE C***

Madame,

Bientôt on pourra réciter, au coin du feu, les vers d'un poète assez peu connu :

> Dans la campagne,
> Bise et verglas ;
> Dans la montagne,
> Neige et frimas.
> Comme une morte
> Dans son tombeau,
> La forêt porte
> Un blanc manteau.

Alors, pendant que les bûches flamberont dans l'âtre, vous qui aimez à sortir, malgré la bise, vous qui êtes cependant aussi frileuse que jolie, vous passerez en revue votre collection de fourrures. Je ne la connais pas encore, puisque je n'ai le bonheur de vous connaître que depuis le mois de mai, et c'est parce que j'ignore tous les trésors de... votre garde-robe que je me permets de vous donner un conseil d'homme de goût.

Soyez donc assez aimable pour venir voir, avant la fin de l'Exposition, la vitrine où MM. Treyvoux et Mouth ont renfermé les plus belles fourrures qu'on puisse rêver.

Venez, et comme vous êtes un peu coquette, — ne dites pas non, — vous frissonnerez d'aise devant ce splendide manteau de velours, bordure *grèbe*, qui m'a semblé fait pour dessiner et abriter votre ronde épaule. Venez, vous contemplerez tour à tour la martre zibeline de Sibérie, du Canada et de Suède. Vous pourrez les passer autour de votre cou de cygne ; elles vous éviteront ces rhumes ennuyeux pendant lesquels vous ne chantez plus :

Pour être à toi, mon cœur eût tout donné !

Venez, Madame, vous ferez une provision de marmottes du Canada. Vous emporterez de l'hermine de Russie et du lynx d'Amérique. Je me souviens d'avoir vu l'admirable robe d'une loutre du Kamschatka, qui n'a pas dû se plaindre d'avoir été ravie à ses glaces, puisque vous honorez ses restes d'un de vos longs regards.

Je suis sûr que vous ne résisterez pas à la tentation d'acheter quelques confections que tous les animaux, que j'ai eu l'honneur de vous nommer, réchauffent de leurs poils soyeux.

Venez, Madame, n'emporteriez-vous de votre visite que le souvenir du spectacle qu'offrent les chefs-d'œuvre d'élégance et de luxe de MM. Treyvoux et Mouth, que votre temps ne serait pas perdu.

Je vous accompagnerai à *l'Ours noir*, patrie de toutes les belles choses dont j'ai parlé et d'une foule d'autres : châtelaines, boas et manchons, dont je ne parle pas.

Croyez à une affection toute respectueuse.

. .

La jeune et belle dame qui recevra cette lettre, — pourvu que son mari ne la réquisitionne pas, — est digne de dormir dans le lit superbe que M. Sicard semble avoir fait pour la Belle au bois dormant.

MM. Coquard, Chatagnon et Revel ont fourni les étoffes somptueuses qui ont servi à façonner cette couche princière.

Ces trois industriels n'ont malheureusement pas exposé ; mais, d'après les échantillons que je trouve dans la vitrine de M. Sicard, je pense qu'il serait injuste de ne pas dire quelques mots de leurs remarquables produits.

MM. Coquard, Chatagnon et Revel fabriquent des étoffes soieries pour ameublements.

Tout ce qu'on peut rêver de luxueux et de beau, tout ce qui peut parler aux yeux, ils se chargent de l'exécuter avec un art et un goût délicieux.

Un *Damas* d'une richesse extrême m'a été montré : cette étoffe aristocratique sert à recouvrir les fauteuils et les chaises, et à confectionner des rideaux merveilleux. La couleur est de ce jaune oriental qui va si bien aux femmes brunes. J'ai vu des bordures en soie, avec fleurs variées ; des *lampas* grande largeur, contenant une étonnante variété de fleurs et de dessins, tous plus gracieux les uns que les autres ; des *mexicaines,* étoffes scintillantes comme un rayon de soleil, destinées à meubler le paradis des sultanes et à consoler ces reines esclaves de la perte de leur liberté.

J'ai contemplé aussi la *Brocatelle,* style égyptien et style moderne. Elle sert à rendre les fauteuils si beaux qu'on n'ose plus s'y asseoir.

MM. Coquard, Chatagnon et Revel font, outre ces magnifiques tissus, des *reps* brochés et unis, pour voitures.

Encore une fois, je regrette que ces Messieurs n'aient pas exposé, car ils pouvaient, grâce à la richesse et à la splendeur de leurs articles, éblouir et charmer les visiteurs.

Quoi qu'il en soit, ceux d'entre mes lecteurs qui ont du goût, et c'est le plus grand nombre, je n'en doute pas, sauront qu'il existe rue Pizay, une fabrique d'étoffes pour ameublements dont je ne leur dis que ça.

* *

En sortant de chez MM. Coquard, Chatagnon et Revel, je fis la rencontre d'une fillette de dix-huit printemps qui ressemblait étrangement à une de mes cousines. Je m'approchai d'elle et l'ayant saluée, je lui demandai si elle ne me remettait pas. Comme j'étais très-respectueux, elle ne me remit pas... à ma place. Elle voulut même m'honorer d'une mission : lui indiquer l'importante maison du *Cardinal* où elle voulait aller acheter un waterproof.

Tiens, si à propos du *Cardinal*, je parlais de ce magasin. Pourquoi pas ?

*
* *

Il n'est pas à Lyon une maison plus importante de confections pour dames. Celui qui en est le chef, s'est appliqué à rendre ses articles accessibles à toutes les bourses. Une ouvrière peut donc s'aventurer au *Cardinal* sans avoir à redouter les exigences des autres marchands, qui s'occupent fort peu du contenu de la bourse de leurs clients.

Le propriétaire des magasins du *Cardinal* n'a pas négligé, pour cela, la haute nouveauté. Il a, au contraire, fait tous ses efforts pour contenter les femmes les plus coquettes et leur servir les plus gracieux atours.

Il ne s'en tient pas aux modèles admis ; il sait que sa clientèle féminine recule les bornes de l'inconstance, et, naturellement, il agit d'après cette observation qui n'est que trop vraie. Un exemple montrera combien il a l'ardeur du progrès en toilette. Il y a quelques années, dans un voyage qu'il fit en Suisse, il rencontra quelques dames anglaises qui portaient un long vêtement dont la forme lui était parfaitement inconnue. Il prit ses notes en conséquence, partit pour Paris, et quelque temps après, la France était inondée de waterproofs.

C'était en effet le waterproof que le propriétaire du *Cardinal* avait importé dans notre pays.

Puisque nous entrons dans la saison d'hiver, je ne puis mieux faire que de recommander à mes lecteurs les magasins du *Cardinal* qui possèdent une très-remarquable collection de dolmans, vêtements bordés de fourrures, et autres articles d'actualité. On trouvera des paletots très-élégants, des dolmans soutachés, enfin tout ce qui est nécessaire pour être très-convenablement et très-chaudement habillé.

Une femme peut entrer au *Cardinal* avec un trousseau complet à faire : quand elle en sortira, tous ses désirs auront été exaucés.

On pourra s'assurer de la bonne exécution de toutes les confections que je recommande, en visitant à l'Exposition, galerie 9, la vitrine du *Cardinal*.

———

Il y a un grand nombre d'exposants dont je ne puis parler dans cet ouvrage, et qui méritent cependant que l'on s'occupe d'eux. Je me contenterai de leur rappeler un vieux proverbe : Ce qui est différé n'est pas perdu. Pour aujourd'hui, je continue ma promenade.

⁂

Quand je cherche à me reconnaître dans cet immense palais de l'Exposition, par une inconcevable fatalité, je me trouve toujours dans la galerie des produits chimiques.

⁂

Je n'avais pas besoin de cette transition pour exalter le *Bleu Guimet* ou *Bleu d'Outremer*, qui est un des plus beaux produits de la science appliquée à l'industrie.

Cette invention a révolutionné la teinture, et elle a fait la fortune et la gloire d'un homme intelligent et laborieux. Dans un siècle où le prestige du privilége n'est pas encore envolé, il est peut-être bon de faire remarquer que celui qui est loyalement parvenu à la richesse et à la notoriété, celui qui est bien le fils de ses œuvres, a droit à la considération publique et à l'estime de tous.

M. Guimet père était un ouvrier plein d'intelligence et d'ardeur, mais obligé de vivre de son travail. Il avait épousé une femme instruite, qui avait un goût très-remarquable pour la peinture. Les outils du peintre sont plus chers que ceux du poète : il ne faut à celui-ci qu'une feuille blanche, et l'autre a besoin de toiles, de cadres, de pinceaux et de couleurs. Tout cela est cher, lorsque l'ange de la fortune a négligé de s'abattre sur un foyer.

Madame Guimet demanda à son mari un bleu qui n'existait pas. Naturellement, il fallut l'inventer.

L'artiste avait dit : je veux une couleur exquise et caressante. Le travailleur répondit : la voilà !

M. Guimet père avait ravi à la science un de ses admirables secrets. Le *bleu* qui porte aujourd'hui son nom ne tarda pas à être universellement employé et apprécié, et comme un pareil service rendu à la cause de l'industrie ne pouvait rester sans récompense, l'inventeur fut nommé chevalier de la Légion d'honneur.

M. Émile Guimet continue, avec grand succès, l'exploitation du *bleu,* inventé par son père. M. Émile Guimet a cependant beaucoup de loisirs qui lui permettent d'être un littérateur de talent et un compositeur d'avenir. On a de lui des *Voyages en Espagne, en Orient* et *en Égypte*, où l'on trouve des descriptions fort intéressantes et des observations fort originales. Ce jeune homme a le goût de l'art, comme son père avait le goût de la science. Rien de ce qui élève l'esprit ne lui est étranger. : il s'adonne à tous les travaux intellectuels et ne se laisse distraire que par les exigences de l'inspiration.

M. Emile Guimet, dont tout le monde a applaudi dernièrement une magnifique symphonie, est le Mécène de Neuville, où il habite. Son patriotisme n'a pas pour limites les frontières de ce canton. M. Emile Guimet aime la France, comme une intelligence élevée sait aimer.

Voyageant en Egypte, il n'y a pas bien longtemps, il eut la bonne fortune d'assister à l'emballage d'une riche collection de statues antiques. Il demanda le nom de l'acheteur. On lui répondit que cette collection allait être probablement vendue à un Anglais.

M. Emile Guimet ne recula pas devant un sacrifice pour conserver à la France une collection remarquable et dont l'intérêt historique n'est pas contestable. Et la perfide Albion fut vaincue.

Mes lecteurs me pardonneront si, en parlant d'un artiste, j'ai oublié l'Exposition, ses pompes et ses œuvres. Il est si facile de revenir à son sujet.

M. Drevet a exposé des chapeaux de paille qui sortent de son immense fabrique du cours Lafayette prolongé. Toutes les formes possibles, la plus gracieuse et la plus extravagante, la plus folle et la plus correcte, sont traitées avec un goût remarquable. Je regrette que ce ne soit qu'au commencement de l'hiver que j'aie l'avantage de m'occuper d'un établissement spécial aussi important. Mais, quoique ma brochure ne soit pas destinée à l'immortalité, 1 en restera peut-être quelques exemplaires, même l'an prochain, à l'époque où le soleil reviendra, et avec lui le besoin de se garantir contre ses indiscrètes ardeurs. M. Drevet fait tous les genres avec un égal succès. Le planteur du Dauphiné pourra abriter son vaste crâne sous l'égide protectrice d'un chapeau monumental. Le gandin trouvera dans cette maison si recommandable le gracieux et léger canotier qu'il porte avec tant de chic, et enfin, le petit enfant sera servi à souhait, quelle que soit la coquetterie de sa mère.

M. Drevet ne sert pas seulement le sexe à qui nous devons nos oncles et nos neveux, il peut satisfaire encore celui que nous ne connaissons que par des défauts : les femmes enfin. Tout ce que la coquetterie féminine peut imaginer, M. Drevet se charge de le faire exécuter. Tous ces chapeaux si mignons que nous avons vus sur l'oreille des dames et des miss, toutes ces coiffures qui embellissent les plus laides et divinisent les plus jolies, sortent des magasins du cours Lafayette prolongé.

Lyon veut avoir toutes les couronnes. Cette ville ambitieuse, à juste titre, veut trouver en elle toutes les ressources de la vie, et elle réalise ses désirs avec un pouvoir magique.

M. Drevet, je n'ai pas besoin de le dire, fournit de chapeaux de paille un nombre incalculable de maisons, tant à Lyon que dans toute la France, et à l'étranger.

*
* *

Maintenant que la bise va venir, les dames qui sont obligées de quitter leurs chapeaux d'été et les étoffes assorties, me maudiraient si je ne leur parlais d'une maison considérable devant laquelle elles ne passent jamais sans exhaler un soupir d'espérance ou d'envie.

M. Placet et Cie possèdent, rue de Lyon, un splendide magasin de châles et de dentelles, que tout le monde connaît de réputation.

La grande dame qui désire briller et plaire, la fiancée qui cherche à compléter un brillant trousseau, peuvent aller s'assurer elles-mêmes de la magnificence des articles que M. Placet met en vente.

Elles trouveront les cachemires les plus élégants et les plus riches que l'on puisse rêver.

Je ne veux pas ici traiter, au point de vue technique, la question de châles.

Je n'ai même pas besoin de dire au public de quelle ville de l'Inde et de quels producteurs M. Placet tire ses châles si enviés; ce que je sais, c'est qu'il puise aux meilleures sources, et qu'il ne peut en être autrement lorsqu'on est à la tête d'une Maison aussi importante que la sienne.

L'exposition de M. Placet est on ne peut plus brillante. On n'attendait rien moins d'une maison qui n'a même pas besoin d'être recommandée au public.

*
* *

Ma dernière promenade à l'Exposition a été pour la galerie des tissus, ordonnée par M. Jame, avec un goût digne des plus grands éloges.

Non loin de l'exposition de M. Placet et Cie, j'ai remarqué la scintillante vitrine de M. Henry, qui est vice-président du comité des exposants et l'un des négociants les plus intelligents d'une ville qui compte beaucoup de sommités commerciales.

M. Henry fabrique des étoffes pour ornements d'église. Il ne s'agit pas ici d'une exploitation routinière ; M. Henry fait de l'art, et, servi par d'éminentes facultés, il atteint des résultats magnifiques. Pour être complétement édifiés, les lecteurs n'ont qu'à contempler ces tissus merveilleux qui éblouissent l'œil. On croirait voir cette étoffe magique qui couvrait les épaules royales de Salomon.

Je comprends que la reine de Saba ait voulu arracher un pareil manteau au poète-roi, ne serait-ce que pour en convertir le prix fabuleux en actions de la ville de Jérusalem.

*
* *

L'Exposition universelle de Lyon est une admirable chose, mais si j'en parlais plus longtemps, je crois que je parviendrais sans peine à lasser le public.

Je ne veux pas quiter la plume sans féliciter son directeur, M. Tharel, des prodiges qu'il a accomplis pour vaincre, avec ses collaborateurs, tous les obstacles qui semblaient devoir paralyser l'œuvre.

Je ne sais pas encore jusqu'à quel point on peut compter sur une prolongation de l'Exposition, mais aujourd'hui que les bâtiments sont complétement prêts, aujourd'hui que le palais a toutes ses *ailes,* pourquoi l'idée ne survivrait-elle pas aux autans de 1873 ?

*
* *

Les exposants dont je n'ai pu parler dans ce trop court volume, peuvent compter sur l'apparition d'une seconde brochure où je réparerai cet oubli.

***

Quant aux étrangers, je leur conseille de garder ce livre, ne serait-ce qu'à titre de guide. Ils y trou- veront certainement le nom des premières maisons de Lyon, ou du moins des plus importantes. Avant de quitter ceux qui sont venus voir notre cité, je leur recommanderai de ne pas oublier, de faire une visite à l'observatoire Gay. Ils assisteront au plus beau spectacle du monde. Ils verront à leurs pieds une ville immense, deux magnifiques cours d'eau, un horizon à perte de vue; et, au loin, les Alpes avec leurs grands sommets et leurs neiges éternelles.

Ils pourront, pour prolonger leur contemplation, s'arrêter aussi longtemps qu'ils voudront chez M. Gay, qui tient, dans ces lieux enchanteurs, un restaurant très-confortable.

Un étranger qui n'a pas vu Lyon de l'observatoire, Gay ne peut se faire une idée exacte de cette belle ville, qui est bien la plus féconde ruche de France.

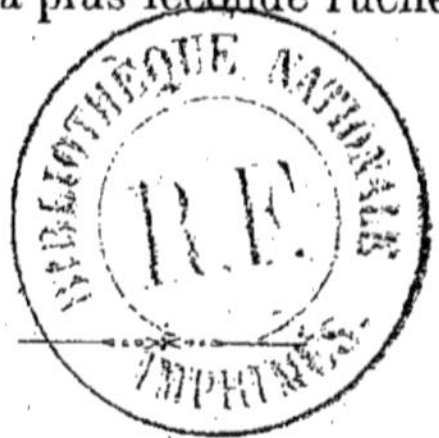

NOMS DES EXPOSANTS

ET DES MAISONS

DONT IL EST PARLÉ DANS CET OUVRAGE

AUTEUIL, restaurant, boulevard du Nord, 10, Lyon.

BERGER, café-restaurant du *XIXe Siècle*, rue de Lyon, 37,

BERNOUD, photographe, rue des Archers, 3, Lyon.

BERTHIER ET Cie, imprimeur, rue du Louvre, 1, à Paris.

BERTRAND ET Cie, pâtes alimentaires, rue Bouteille, 27, Lyon

BOCH FRÈRES et Cie, manufactures de carreaux céramiques,
à Couvroil, près Maubeuge (Nord).

BONJEAN, pharmacien à Chambéry (Haute-Savoie).

BRUN (J.) et Cie, pâtes alimentaires, et fleurs artificielles rue
de Sully, 44, Lyon.

BUFFAUD FRÈRES, ingénieurs-constructeurs, chemin de
Baraband, Lyon.

CAILLAT, tailleur, place des Terreaux, 1, Lyon.

CASSAGNE (COMTE DE) en son château près Béziers (Hérault).

CARDINAL (Au), rue Centrale, 30, Lyon.

CHARTON et MAZOYER, à l'Exposition, Lyon.

CHOSSON, charcutier, place du Pont, 11, Lyon.

COLLET (Hôtel), rue de Lyon, 62, Lyon.

Conventz, *La Ligne droite,*, place des Squares, 1, Lyon.

Couty et Richard, facteurs d'harmoniums, rue du Petit-Musc, 33, Paris.

Cré, produits chimiques, quai de l'Hôpital, 10, Lyon.

Daboneau, Magasins de la *Ville de Lyon*, rue de Lyon, 31, Lyon.

David, liqueurs, rue de Condé, Lyon.

Déjardin, pharmacien, rue de Trévise, 21, Paris.

Deschaud, éditeur de musique, rue Lafond, 8, Lyon.

Desnoix et Cie, rue du Temple, 22, Paris.

Divat-Magdinier, passementier, rue de l'Hôtel-de-ville, 48, Lyon.

Drevet, chapeaux de paille, cours Lafayette prolongé, 8, Lyon.

Edoux, ingénieur, rue Lacombe, 76, Paris.

Europe (Hôtel de l'), rue Bellecour, Lyon.

Eymin, photographe, Vienne (Isère).

Faurax, carossier, avenue de Noailles, 5, Lyon.

Fillion, liqueurs, rue Gasparin, 6, Lyon.

Gailleton, établissement de bouillon, place de Lyon et quai de la Pêcherie, Lyon.

Gay (Observatoire), montée des Anges, 1, Lyon.

Geofroy-Gomez, médecin à Toulouse (Haute-Garonne).

Geoffroy et Cie, porcelaines, à Gien (Loiret).

Georges Hoffer (Brasserie), cours du Midi, 28, Lyon.

Guimet, produits chimiques, place de la Miséricorde, 1, Lyon.

Guimard, gymnase pédagogique, quai St-Antoine, 31, Lyon.

Haffner, coffres-forts, boulevard Montmartre, 18, Paris.

Hartaut-Ghiglione, pâtes alimentaires, montée des Carmélites, 10, Lyon.

Henry, étoffes pour ornements d'église, rue Garet, 3, Lyon.

Hyacinthe, billiards, cours Bourbon, 11, Lyon.

Labonde, dépôts de sels d'or et d'argent, rue St-Gilles, 14, Paris.

Laurent et Godard, articles de bureau, rue Vauban, 6, Lyon.

Lavandier, parfumerie et savonnerie, rue Salomon-de-Caus, 4, Paris. M. Hervé, représentant, rue Gasparin.

Longuet, lingerie, Paris, rue des Deux-Portes-St-Sauveur, 12, et à l'Exposition.

Lumière, photographe, rue de la Barre, Lyon.

Mabille, pressoirs, à Montargis (Loiret).

Maderni, bains chauds, quai de Retz, 12, Lyon.

Marmet (J.-B.), bains froids, quai St-Clair, Lyon.

Manin, fabricant de bois cintré, Vienne (Isère).

Marlie fils, bronzes d'art, rue d'Enghien, 50, Lyon.

Marge fils, pâtes alimentaires, rue des Martyrs, 139, Lyon.

Matossi, café de Madrid, place de la Comédie, 1, Lyon.

Mayer fils, pédicure, rue Pizay, 4, Lyon.

Payraud, chocolatier, rue de Lyon, 37.

Perrot, serrurier, Vienne (Isère).

Peylaboud et Cie, liquoristes, rue Vieille-Monnaie, 21, Lyon.

Piel, fabricant de gaufres et de plaisirs, Paris, boulevard Richard-Lenoir, 116.

Placet et Cie, châles et dentelles, rue de Lyon, 6, Lyon.

Poigné, liqueurs, à Moulins (Allier).

Rieter-Biedermann, éditeur de musique, à Winterthur, près Zurich.

Rivoire et Carret, pâtes alimentaires, cours Lafayette, 121, Lyon.

Rousset, manioc, rue de Lyon, 77, Lyon.

Roy, Amer-Picon, représentant, rue d'Algérie, 9.

Sanaozé et Pornon, à l'Exposition, Lyon.

Savigné, imprimeur, Vienne (Isère).

Sicard, tapissier, place Bellecour, 25, Lyon.

SINGER, machines à coudre, MM. Benoît, représentants,
rue de l'Arbre-Sec, 3, Lyon.

STEINWAY ET FILS, pianos américains, New-Yorck.

TRANCHAND, quai de la Pêcherie, 11, et place d'Helvétie,
Lyon.

TREYVOUX et MOUTH, fourrures, place des Jacobins, 1, Lyon.

VACHER, constructeur de bateaux, parc de la Tête-d'Or, Lyon.

WATTEBLED, comestibles, place de la Bourse, 41, Lyon.

Impr. Vᵉ Chanoine, à Lyon.

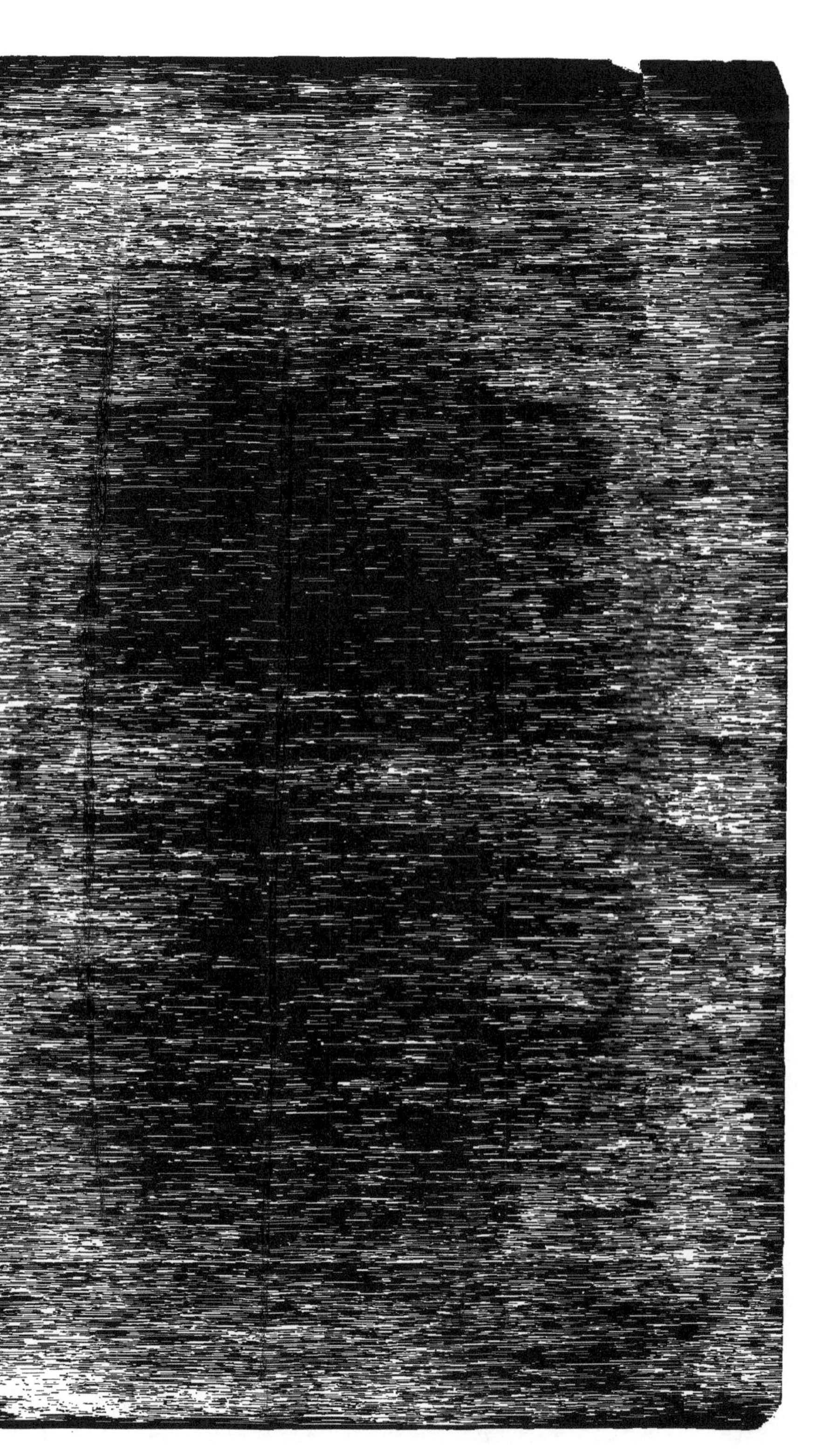